ENTWICKLUNGS PSYCHOLOGIE

Vom Kindes- bis zum Erwachsenenalter

Wie Sie die menschliche Entwicklung richtig verstehen & Störungen frühzeitig erkennen. Inkl. Methoden für eine optimale Kindererziehung

INHALT

Was ist Entwicklungspsychologie?

Die Entwicklungspsychologie ist in erster Linie interessant für Pädagogen, aber natürlich auch für andere pädagogische Fachkräfte wie uns Eltern. Die Erkenntnisse dieses Bereiches helfen uns, Aussagen richtig einzuordnen und zu bewerten. Es werden Werte und Normen definiert und trotz der sehr wissenschaftlichen Herangehensweise gibt es einen recht großen Anwendungsbezug. Die Schnittstellen zur Pädagogik zeigen sich in der Erziehungspsychologie und im sozialen Verhalten.

EINORDNUNG

Das Wort "Entwicklungspsychologie" setzt sich zusammen aus „Entwicklung" und „Psychologie". Die Bedeutung des Wortes Psychologie kommt aus dem Griechischen. Hier bedeutet „psyché" Seele und „lógos" ist übersetzt die Lehre oder Wissenschaft. In der Psychologie werden mit Hilfe von wissenschaftlichen Tests die mentalen Prozesse und das Verhalten von Individuen untersucht. Wir sprechen hier also von einer wissenschaftlichen Methode, mit der Theorien und Behauptungen aufgestellt und Beweise dafür untersucht werden. Eine Annahme ist, dass unser Verhalten von der Umwelt geformt wird, indem wir uns anpassen oder unsere Umwelt an uns anpassen. Hier kann man das Verhalten gezielt beobachten und damit untersuchen, welche mentalen Prozesse genau zu diesem Verhalten führen.

Das Verhalten ist sehr abstrakt. Es kann bei jedem Kind, Jugendlichen und Erwachsenen beobachtet werden. Jeder passt sein Verhalten an den entsprechenden Kontext an. Wir sehen das bei Kindern im Kindergarten, in der Schule oder auch bei jungen Erwachsenen bei einem Konzert. In der

Schule folgen unsere Kinder dem Lehrer (zumindest meistens), sie sitzen auf ihrem Platz und nehmen am Unterricht teil. Auf dem Konzert flippen sie aus, wenn sie ihren Schwarm auf der Bühne sehen. Unsere Kinder sind also in gewisser Weise schon angepasst an Situationen und verhalten sich dementsprechend. Andererseits versuchen Babys, durch dauerhaftes Schreien die Aufmerksamkeit der Eltern zu erhaschen, und oft verlieren diese irgendwann die Nerven und nehmen ihr Baby auf den Arm. So formen sich schon Babys eine eigene Umwelt.

Der Bereich Psychologie gehört zu den Sozialwissenschaften und hat Schnittstellen zu einigen anderen Bereichen der Wissenschaften. Die Entwicklungspsychologie ist ein Teilgebiet der Psychologie. Alle Unterbereiche befassen sich mit dem gesellschaftlichen Zusammenleben und mit dem sozialen Verhalten von uns Menschen. Deshalb wird der ganze Bereich auch manchmal unter dem Begriff „Gesellschaftswissenschaften" geführt. In dem Teilgebiet, das uns hier speziell interessiert, geht es um die geistige und körperliche Entwicklung während des gesamten Lebens. Mit „Entwicklung" ist hier das Verhalten und Erleben von verschiedenen Situationen gemeint, das am Ende zu Veränderungen führt.

Es werden aber auch die Zeiten unter die Lupe genommen, in denen wir uns nur wenig verändern. Es geht also nicht um kurzzeitige Veränderungen, wie zum Beispiel einmal schlechte Laune zu haben, oder um Veränderungen, die beispielsweise auf einen Unfall zurückzuführen sind, es sei denn er hat zur Folge, dass man sich langfristig an etwas anpassen muss.

Die Entwicklungspsychologie befasst sich also nicht nur mit der Veränderung des Menschen, sondern auch mit intraindividuellen Unterschieden (das unterschiedliche Verhalten von Menschen zu unterschiedlichen Zeiten und in verschiedenen Situationen) und interindividuellen

Unterschieden (bei gleichen definierten Basiswerten zeigen Menschen unterschiedliches Verhalten).

AUFGABEN

Zu Beginn war das Hauptziel der Entwicklungspsychologie eine exakte Festlegung, wann mit welcher Entwicklung zu rechnen ist. Damals entstanden viele Theorien, die beschrieben, wie sich einige Faktoren im Laufe der Entwicklung ändern. Diese Theorien gingen noch auf grundlegende Dinge zurück und waren recht oberflächlich.

Heute wird das Ganze sehr viel detaillierter betrachtet. Es gibt voneinander abgegrenzte Entwicklungsbereiche, wie die Sprachentwicklung, die motorische Entwicklung oder das Entwickeln eines Selbstkonzeptes. Zwar werden heute die Teilaspekte untersucht, wichtig ist es aber auch, den Zusammenhang zwischen allen Bereichen zu verstehen. Bei dreijährigen Kindern kann man zum Beispiel beobachten, wie sie miteinander umgehen, ob sie Augenkontakt halten oder nicht und welche motorischen Fähigkeiten sie haben. Mithilfe von Computern kann man heute schauen, in welcher Gehirnregion zu welcher Zeit und in welchem Kontext Aktivität stattfindet. Bei diesen Untersuchungen geht es heute nicht mehr um die konkrete Aussage, „Wenn die Situation X eintritt, dann geschieht automatisch Y“, sondern darum, wie wahrscheinlich es ist, das Y eintritt. Es wird also nach Mustern gesucht, um zu erklären, wie Verhalten funktioniert.

Die Multikausalität bezeichnet verschiedene Faktoren, die auf unser Verhalten einwirken. Hier unterscheidet man zwischen inneren und äußeren Faktoren. Zu den inneren Faktoren gehört zum Beispiel die Genetik (dispositionelle Faktoren). Äußere Faktoren können beispielsweise Erzieher oder Eltern sein, die auf ein Kind einwirken (situationale Faktoren). Es gibt sehr viele Faktoren, die auf uns einwirken. Deshalb können die

Aussagen in der Entwicklungspsychologie auch nur Vorhersagen dafür sein, was am wahrscheinlichsten passieren wird. Diese Erkenntnisse gewinnt man wiederum aus wissenschaftlicher Forschung. Fakt ist aber, dass selten alle Wechselwirkungen und Bedingungen der Entwicklung bekannt sind und so niemals eine klare Aussage gemacht werden kann.

Es können lediglich Muster erkannt werden, die bei verschiedenen Kindern im gleichen Alter sehr ähnlich sind. Wenn zum Beispiel ein kleines Mädchen immer schüchtern gegenüber anderen ist, darf man annehmen, dass es bei Eintritt in den Kindergarten erst einmal zurückhaltend sein wird. Ein Kind, das vorher schon sehr offen und neugierig auf alles zugeht, wird das auch im Kindergarten weiterhin tun.

Mit solchen Annahmen kann man dann die weitere Entwicklung, auch Fehlentwicklungen, vorhersagen und frühzeitig darauf reagieren. Außerdem können so auch schon im Vorfeld schädliche äußere Einflüsse eingedämmt werden (z. B. Handynutzung von Kleinkindern, Ballerspiele bei Jugendlichen). Es kann gezielt präventiv eingegriffen werden (z. B. in der Schule Infoveranstaltungen zu Drogen und Sucht). Genau hier liegt die Schnittstelle zur Pädagogik.

Die Erkenntnisse der Entwicklungspsychologie haben zu einem veränderten Erziehungsverhalten geführt. Wurden die Kinder früher noch dazu erzogen, die Meinung von Erwachsenen nicht zu hinterfragen, werden sie heute in die Familie einbezogen und haben ein Mitspracherecht. In früherer Zeit ging man davon aus, dass ein Kind direkt zum Erwachsenen wird, eine Zwischenzeit gab es nicht. Die Pubertät, die wir heute kennen, fand damals nicht statt. Heute gibt es nicht nur die ERziehung, sondern eher eine BEziehung zu den Kindern. Aufgrund früherer Erkenntnisse wissen wir heute, welche Bedeutung Kontrolle und Beeinflussung haben.

GESCHICHTE

Wann genau sich der erste Mensch mit Veränderungsprozessen beschäftigt hat, ist nicht bekannt. Es gab allerdings schon Philosophen in der Antike, die sich über die verschiedenen Lebensphasen Gedanken gemacht haben. Vom menschlichen Geist wurden schon Platon, Sokrates und Aristoteles inspiriert. Im Mittelalter gab es eine Kindheit – so wie wir sie heute kennen – noch nicht. Hier wurde kaum eine Unterscheidung zwischen Kindern und Erwachsenen gemacht. Selbst bei rechtlichen Belangen wurden Kinder wie Erwachsene behandelt. Kinderarbeit war damals völlig normal und mit den Besonderheiten der Entwicklung vom Kind zum Erwachsenen beschäftigte man sich damals noch nicht.

Erst im 17. und 18. Jahrhundert begannen Wissenschaftler und Gelehrte, sich mit der Entwicklung des Menschen vertraut zu machen. John Locke (ein englischer Philosoph – 1631 bis 1704) stellte fest, dass die Entwicklung von den Erfahrungen abhängig ist, die man gemacht hat. Die menschliche Entwicklung nahm Jean-Jacques Rousseau unter die Lupe und schrieb 1762 seinen Roman "Emile oder über die Erziehung". Er dachte, die Entwicklung sei von Natur aus vorgegeben und verläuft in 5 Stufen. Die ersten wirklichen Untersuchungen bei Kindern führte Dietrich Tiedemann (deutscher Philosoph) durch. Er beobachtete seinen Sohn und hielt alles in einem Tagebuch fest, das er 1787 veröffentlichte ("Beobachtung der Seelenfähigkeit bei Kindern").

Die erste richtige Erforschung begann dann Mitte des 19. Jahrhunderts. Der Physiologe William Thierry Preyer veröffentlichte 1882 "Die Seele des Kindes: Beobachtungen über die geistige Entwicklung des Menschen in den ersten Lebensjahren". Zum ersten Mal wurden hier Regeln festgelegt und das Verhalten dokumentiert. Auch ein Mediziner, William Preyer, beobachtete seinen Sohn in den ersten 3 Jahren jeden Morgen,

Mittag und Abend. Deshalb wird sein Werk als Beginn der wissenschaftlichen Entwicklungspsychologie bewertet.

Wilhelm Wundt gründete 1879 sein Labor für experimentelle Psychologie in Leipzig. Auch William und Clara Stern haben die Entwicklung ihrer drei Kinder 18 Jahre lang streng dokumentiert. Sie führten über Jahre hinweg akribisch Tagebücher. Daraus entstand eine Buchreihe mit 24 Bänden. Ab diesem Zeitpunkt sprechen wir von den ersten Konzepten der Pädagogik. Das Ehepaar Stern formulierte damals schon, dass die Natur und die Kultur auf die Entwicklung einwirken.

Ungefähr zu dieser Zeit entwickelte sich auch die Psychologie zu einem eigenständigen Zweig. In den USA wurden 1883 die ersten psychologischen Labore eröffnet. Eines der wichtigsten Bücher schrieb William James 1890 ("The Principles of Psychology"). Die Entwicklungspsychologie wurde um 1900 interessant und erstmals auch wirklich wahrgenommen. Es wurden Institute gegründet und in Zeitschriften wurden die Theorien und Ideen publiziert. Ab diesem Zeitpunkt entstanden dann auch die unterschiedlichen Theorien, die teilweise auch heute noch herangezogen werden.

Außerdem wurden die ersten standardisierten Testmethoden (z. B. Intelligenztests) entwickelt. Erst 1970 erkannte man, dass die Entwicklung ein lebenslanger Prozess ist. Seither entstanden neben den bekannten großen Theorien auch viele kleinere, die sich mit einzelnen Bereichen beschäftigen. Diese expliziten Untersuchungen führten allerdings auch dazu, dass das ganze Thema ein wenig unübersichtlich wurde, da viele Experten mit unterschiedlichen Sichtweisen ihre Meinung kundgetan hatten.

Seitdem die Erforschung der Psychologie durch Experimente durchgeführt wird, entwickelten sich zwei Sichtweisen. Zum einen der Strukturalismus, der mit Wilhelm Wundt (1832-1920) in Verbindung gebracht wird und zum anderen der Funktionalismus, bei dem vor allem John Dewey (1859-1952) und William James (1842-1910) genannt werden sollen.

Der Strukturalismus erforscht durch wissenschaftliche Experimente die Struktur des Verhaltens und Denkens. Entscheidend ist der „Ist-Zustand". Es wird also ein Verhalten beschrieben und anschließend gefragt, welche Strukturen dieses Verhalten beeinflussen können. Beim Funktionalismus wird gefragt, wofür dieses Verhalten nützlich sein könnte. Hier gibt es direkt Ansätze für die Pädagogik.

Ein weiterer Unterschied sind die endogene und exogene Perspektive. Die einen gingen davon aus, dass wir Menschen durch die Gene geprägt werden, und die anderen meinten, dass wir eher von angelerntem Verhalten beeinflusst werden.

Schule	Kernaussage	Beispiel: Marlene (3 Jahre) tritt ihren Bruder Tom (6 Monate) - Mögliche Erklärung bzw. Fragestellung
Psychodynamische Perspektive	Verhalten und mentale Prozesse werden durch innere „Kräfte" bestimmt.	Marlene ist frustriert, weil sie aktuell keine Freude erleben kann. Eigentlich möchte sie ihre Eltern treten, da diese sich mehr um Tom kümmern.
Behavioristische Perspektive	Verhalten und mentale Prozesse sind eine Reaktion auf die Umwelt.	Marlene hat gelernt, dass sie von ihren Eltern Aufmerksamkeit erhält, wenn sie Tom tritt.
Humanistische Perspektive	Der Mensch ist grundsätzlich gut, frei und bereit sich selbst zu verwirklichen.	Welche sozialen Bedingungen führen zum aggressiven Verhalten von Marlene?
Kognitive Perspektive	Verhalten ist das Resultat eines Denkprozesses, der auf der subjektiven Realität des Individuums basiert.	Untersucht werden die Wahrnehmung, die Absichten und die Äußerungen von Marlene.
Biologische Perspektive	Verhalten und mentale Prozesse basieren auf der biochemischen Funktionsweise des Nervensystems.	Welche Gehirnreale sind beim aggressiven Verhalten von Marlene aktiv?
Evolutionäre Perspektive	Verhalten und mentale Prozesse haben sich im Laufe der Evolution entwickelt.	Aggression ist ein aus evolutionärer Sicht sinnvolles Verhalten.
Kulturvergleichende Perspektive	Verhalten und mentale Prozesse können von der Kultur, die das Individuum umgibt, abhängig sein.	Gibt es Aggression in jeder Kultur? Welche kulturellen Bedingungen fördern aggressives Verhalten?

Schulen in der (Entwicklungs-)Psychologie und deren Kernaussage (vgl. Gerrig/Zimbardo, 2008, S. 16 und Hasselhorn/Mähler, 2012, S. 316)

Theorien

Wie weiter oben bereits erwähnt, sind sehr viele Theorien entwickelt worden, die versuchen, das Thema Entwicklung zu erklären. Zu den Theorien gehören neben dem sozialen Lernen von Albert Banduras auch folgende Theorien:

- Instanzenmodell und die fünf Phasen der psychosexuellen Entwicklung von Sigmund Freud
- Entwicklungssequenzen nach John H. Flavell
- das Stufenmodell zur Ich-Entwicklung von Jane Loevingers
- der soziale Kontextualismus von Lew Wygotski
- der ökosystemische Ansatz von Urie Bronfenbrenner

Näher eingehen möchte ich auf zwei Modelle:

- das Stufenmodell von Piaget
- die acht Entwicklungsphasen nach Erik Erikson

JEAN PIAGET

Biografie

Jean Piaget war ein Biologe aus der Schweiz und Pionier der kognitiven Entwicklungspsychologie. Außerdem ist er Gründer der genetischen Epistemologie, ein großes Forschungsprogramm zur Erkenntnistheorie im 20. Jahrhundert.

Er wurde am 09.08.1896 in Neuchâtel (Neuenburg) geboren und starb am 16.09.1980 in Genf. Sein Vater war Professor der Literatur und so trat Piaget schon im Alter von 10 Jahren in das Collége Latin ein. Außerhalb der Schule interessierte er sich für die Natur und arbeitete im Museum für Naturgeschichte. Dieses Interesse begleitete ihn sein Leben lang und er wurde zum regelrechten Spezialisten im Bereich der Malakologie (einem Forschungsgebiet über Weichtiere). Schon mit 15 Jahren veröffentlichte Piaget Aufsätze über Mollusken („Mollusca" = Weichtiere). Er selbst sah diese Arbeiten als ein "Schutzmittel gegen den Dämon der Philosophie". Andere sahen seine Arbeiten als Ausgangspunkt seiner wissenschaftlichen Karriere. Im Laufe seines Lebens stürzte er immer einmal wieder in philosophische Krisen, zum Beispiel durch die Konfrontation mit der Religion. Er konnte die Erkenntnisse der Biologie einfach nicht mit den Dogmen der Kirche verbinden. Diese Logik der Biologie versuchte er, in anderen Fragestellungen zu festigen, scheiterte dabei aber immer wieder an philosophischen Themen.

Irgendwann begann er, sich für andere Autoren zu interessieren, darunter Durkheim, Kant, Spencer und Comte. Daraus entwickelte er den Gedanken, dass jedes Handeln eine Logik hat und diese Logik ihren Ursprung in der spontanen Organisation der Handlungen hat. Diesen Gedanken hat er später zum zentralen Punkt seiner Arbeiten gemacht. Außerdem entdeckte er, dass auch unser Denken von Strukturen organisiert wird und die Gedanken nicht zufällig und unabhängig voneinander passieren.

Jean Piaget promovierte später in Naturwissenschaften und publizierte bis dahin zwei philosophische Schriften, die er später selbst als Jugendsünden bezeichnete. Diese Schriften werden aber heute als wegweisend beschrieben, da sie eine Verbindung von biologischen Erkenntnissen mit philosophischen Methoden herstellen. Er ersetzte die philosophischen Methoden der Spekulation und Reflexion durch experimentelle, wissenschaftliche Untersuchungen. So kam er zum ersten Mal mit der Psychologie in Kontakt. 1918 reiste er nach Zürich, um in einer psychiatrischen Klinik zu arbeiten. Hier entdeckte er die Psychoanalyse, die er aber ablehnte, weil sie damals nicht sehr populär war, um Erkenntnisse zum eigenen Denken zu finden.

1919 begann er in Paris noch einmal von vorne. Zusammen mit Théodore Simon arbeitete er an der Standardisierung von Intelligenztests für Kinder. Er hat sich hier nicht nur mit Statistik beschäftigt, sondern die Kinder direkt bei ihren Denkprozessen beobachtet. Eine wichtige Erkenntnis, die er erlangte, war, dass das Denken von Kindern und Erwachsenen qualitativ unterschiedlich ist. Da es zu dieser Zeit noch keine Möglichkeiten gab, die Denkprozesse zu messen, wählte er die freie Unterhaltung und bezeichnete diese als "klinische Methode". Hier entdeckte er dann sein eigentliches Forschungsgebiet, in dem er versuchte, die Biologie, Philosophie und Psychologie miteinander zu verbinden.

Schwerpunkte wurden die Entstehung des formalen Denkens und das symbolische Denken. Schon 1921 wurde er zum Forschungsleiter an der Universität Genf. Mit seiner Frau Valentine Châtenay bekam er zwei Töchter und einen Sohn. Er versuchte, Informationen über die früheste Entwicklung des Erkenntnisverhaltens, von symbolischen Verhaltensweisen (Nachahmung und Spielen) und der Begriffsentwicklung festzuhalten. Seine ersten Erkenntnisse in dieser Richtung verdankte er also seinen eigenen Kindern. Daraus resultierten drei Veröffentlichungen über das sensomotorische Handeln ohne Verwendung der Sprache (das Stadium der intellektuellen Operation). Er konnte an seinen Kindern studieren, wie sich die Intelligenz von der Geburt bis zur Sprachentwicklung entwickelt.

Stufenmodell

Jean Piaget hat sich also den diskontinuierlichen Prozessen gewidmet. Solche Prozesse sind nach einer bestimmten Zeit abgeschlossen und ein neuer Prozess beginnt. Bekannt ist das Ganze auch unter dem Namen Stufenmodell. Das Stufenmodell von Piaget enthält vier Stufen, die jeder Mensch durchläuft.

Sensomotorische Stufe (Geburt bis ca. 2. Lebensjahr)

Die erste Stufe beginnt mit der Geburt.

Da Babys am Anfang noch nicht reden können, sammeln sie die ersten Erfahrungen mit ihren Sinnesorganen (sensorisch) und mit Bewegungen (motorisch). Die Intelligenz zeigt sich hier, indem das Baby auf äußere Reize reagiert und die Bewegung immer besser koordiniert.

Piaget unterteilt die erste Stufe noch einmal in sechs Unterstufen:

Stufe 1: angeborene Reflexmechanismen (0 - 1. Monat)

In dieser ersten Stufe ist das Baby mit den angeborenen Reflexen ausgestattet. Es saugt, schluckt und greift ganz spontan. Durch Übung wird es immer besser und erkennt erste Unterschiede, zum Beispiel zwischen der Brust der Mutter und der Flasche.

Stufe 2: primäre Kreisreaktion (1. - 4. Monat)

Das Baby beschränkt sich nach wie vor auf seinen eigenen Körper, erkennt aber bereits angenehme Konsequenzen und wiederholt diese. Der Daumen, der ganz zufällig im Mund gelandet ist, wird als angenehm empfunden und so etabliert sich das Daumenlutschen. Die Erfahrungen sind auf die vorhandenen Dinge beschränkt. Als Kreisreaktion bezeichnet Piaget die Dinge, die für ein Baby interessant sind, auf die es eine Rückkopplung durch seine Sinnesorgane bekommt und die es deshalb wiederholt. Auch der Radius des Babys wird größer, so kann es mehrere Gegenstände sehen und danach greifen und seine Umwelt besser wahrnehmen.

Stufe 3: sekundäre Kreisreaktion (4. - 8. Monat)

Jetzt entdeckt das Baby, dass es selbst Effekte hervorrufen kann. Es kann seine Umwelt beeinflussen, zum Beispiel, indem es schreit und die Eltern angerannt kommen. Auch das Drücken auf den Knopf einer Spieluhr kann interessant sein, wenn dann eine schöne Melodie erklingt. Ganz am Ende dieser Stufe registriert das Baby auch schon, dass Dinge, die aus seinem Blickfeld verschwinden, nicht wirklich weg sind. Hier entwickelt es die ersten kognitiven Ansätze, indem es ein inneres Abbild des Gegenstandes erschafft, wenn dieser nicht mehr gesehen wird.

Stufe 4: intentionales Verhalten (8. - 12. Monat)

Als Intention wird hier das zielgerichtete Handeln verstanden. Das Kind überträgt bereits bekannte Effekte auf neue Situationen. Es probiert sich aus und verfeinert sein Verhalten. Auch die motorische Koordination wird besser, die Bewegungsabläufe werden flüssiger.

Stufe 5: tertiäre Kreisreaktion (12. - 18. Lebensmonat)

Das Kind versucht, zu verstehen, wann und warum bestimmte Reaktionen auftreten. Es interessiert sich immer mehr für neue Reizsituationen und versteht, dass es seine Umwelt beeinflussen kann. Es fängt an, zu experimentieren, und dadurch werden neue Handlungsschemata erlernt. Kinder entdecken, dass das Wasser in der Wanne anders spritzt, wenn man mit der Hand darauf schlägt, als wenn man die Badeente benutzt. Auch das Werfen mit einem Ball wird untersucht. Wirft man ihn mit einer Hand oder mit beiden Händen?

Stufe 6: Übergang zur voroperationalen Phase (18. - 24. Monat)

So langsam erkennen die Kinder, dass eine bestimmte Handlung ein bestimmtes Ergebnis hervorruft. Dadurch werden einige Dinge gar nicht mehr gemacht, weil sie nicht das gewünschte Ergebnis versprechen. Sie planen also bereits ein Stück voraus. Die inneren Abbilder sind jetzt ausgeprägt und so müssen Dinge nicht mehr immer physisch da sein, um sie zu begreifen. Der Fachausdruck für dieses Phänomen heißt „Objektpermanenz“.

“Die Verinnerlichung von Handlungen charakterisiert den Übergang zum Denken.” (Oerter & Montada - 1998, 521)

Prä- oder Voroperationale Stufe (2. - 7. Lebensjahr)

Diese Stufe startet nach der ersten Stufe und endet ungefähr mit dem 7. Lebensjahr.

Das Kind denkt. Es denkt noch nicht logisch, weil das Denken von der Wahrnehmung gesteuert wird. Es gibt noch ganz viele Irrtümer beim Denken, wie beispielsweise, dass ein Junge zum Mädchen wird, wenn er mit dem Spielzeug der Mädchen spielt.

Anthropomorphismus (Hang zur Vermenschlichung)

Gegenstände bekommen eine Persönlichkeit. Der Tisch, an dem sich das Kind gestoßen hat, ist böse, weil er im Weg stand.

Magisches Denken

Auch in vielen mystischen Filmen oder Märchen wird uns heute noch suggeriert, dass Kinder einen Sinn mehr haben als Erwachsene und die Magie begreifen. Tatsächlich ist es in dem Alter so, dass viele Dinge durch magisches Zutun passieren. Das liegt aber eher daran, dass unsere Kinder die Hintergründe noch nicht begreifen können. Genau wie bei der Objektpermanenz kann sich das Kind jetzt schon eine komplette Handlung vorstellen, vorausgesetzt, diese Handlung wurde bereits im richtigen Leben durchgeführt.

Kinder fangen jetzt an, nachzuahmen, was sie beobachten. Sie spielen Rollenspiele (ich bin der Papa und du bist jetzt das Kind) oder sie spielen Dinge aus dem Fernsehen nach.

Hier entstehen auch die ersten Missverständnisse beim Lernen. Zeigt man einem Kind drei Äpfel und zählt nacheinander ab, "eins", "zwei", "drei", denkt das Kind, der dritte Apfel heißt "drei". Fordert man das Kind jetzt auf, ihm die drei Äpfel zu geben, bekommt man nur Apfel Nummer drei. Es gibt noch keinen Mengenbegriff.

Die “Umschüttaufgabe” (Teil 1)

Ein sehr bekannter Versuch Piagets zu logischen Irrtümern ist das Umschütten von Flüssigkeiten. Vor den Kindern wird die Flüssigkeit aus einem breiten Gefäß in ein dünnes Gefäß umgeschüttet. Die Kinder gehen in dieser Entwicklungsphase automatisch davon aus, dass sich die Menge der Flüssigkeit verändert haben muss. Die Erkenntnis, dass dem nicht so ist, kommt erst zum Ende dieser Phase mit dem Übergang zu konkreten Operationen.

Egozentrismus

Die logischen Irrtümer beim Denken vermindern sich im Laufe der Zeit. Sie nehmen ca. ab dem 4. Lebensjahr ab. Was hingegen bleibt, ist die Logik des Kindes, dass es nur seine Ansicht gibt und diese auch die einzig richtige ist. In dieser Phase kann es die Sichtweise von anderen nicht verstehen. Hier geht es nicht um Egoismus, das ist ein Unterschied. Es ist nur die Sichtweise des Kindes gemeint, das sich nicht vorstellen kann, dass es neben seiner eigenen Ansicht noch viele andere geben kann. Ihm ist einfach nicht klar, dass andere Menschen auch eine andere Sichtweise haben können. Deshalb kann es sich auch nicht in andere hineinversetzen. Jedes Kind in diesem Alter glaubt, dass alle anderen genauso denken und fühlen wie es selbst.

Ein schönes Beispiel findet sich bei “Mönks & Knoers”:

➔ Peter, hast du einen Bruder?

➔ Ja.

➔ Wie heißt dein Bruder?

➔ Hans.

➔ Hat Hans auch einen Bruder?

➔ Nein.

Zentrierung

Von Zentrierung spricht Piaget, wenn das Kind nur auf ein Merkmal achten kann. Die Sichtweise ist in diesem Alter noch beschränkt. Er hat einen Versuch durchgeführt, bei dem Kinder vier verschiedene Stäbe der Größe nach sortieren sollten. Hier zeigte sich, dass Kinder zwischen zwei und vier Jahren immer nur zwei Stäbe miteinander verglichen, aber nicht alle vier. Ihnen fehlte also der komplette Überblick. Sie konnten die beiden obersten Stäbe richtig anordnen und die beiden untersten, aber nicht alle vier.

konkret operationale Stufe (7. - 11. Lebensjahr)

Die Wahrnehmung spielt ungefähr bis zum 7. bzw. 8. Lebensjahr eine große Rolle. Danach wirkt sie sich nicht mehr so auf die Urteilsbildung aus. Unsere Kinder kommen in die Schule und lernen spätestens jetzt, ganz konkret zu denken.

Die "Umschüttaufgabe" (Teil 2)

In dieser Stufe konnte Piaget den Kindern nichts mehr vormachen. Sie haben jetzt durchaus klare Denkstrukturen und eine gewisse Logik. Gießt man das Wasser von einem Gefäß ins andere und nimmt nichts davon weg, dann bleibt es die gleiche Menge (hier spricht man vom Aspekt der Identität). Selbst wenn es so aussieht, als wäre es mehr oder weniger Wasser, wird auch die Höhe und Breite der Gefäße bewertet (Aspekt der Kompensation). Hier wird jetzt also durch Logik und nicht mehr durch Wahrnehmung beurteilt.

Auch andere geistige Operationen sind jetzt möglich. Informationen werden geistig hin und her gewendet und die Reihenfolge von Schritten können umgekehrt werden. Ab nun zählen eher Begriffe als Bilder. Jetzt können die Kinder auch Unterklassen addieren (weiße plus braune Perlen sind Holzperlen und im Rückschluss bleiben von den Holzperlen minus weiße Perlen die braunen Perlen übrig (vgl. Mietzel, 1998 a, S. 87).

Schwierigkeiten gibt es noch bei unrealistischen Denkaufgaben, wie "Angenommen, Autos könnten fliegen, ...".

Hypothetisch-deduktives Denken

Wir reden hier von Schlussfolgerungen. Das ist die letzte Phase von der konkreten zur formalen Operation. Sind zwei Annahmen wahr, dann muss auch eine abgeleitete Folgerung wahr sein.

Beispiel:

a) Alle Menschen sind sterblich.
b) Mein Vater ist ein Mensch.

Hieraus sollte nun folgen, dass mein Vater sterblich ist.

Formal operationale Stufe (11. - 15. Lebensjahr)

Ab jetzt sind die Jugendlichen vollständig in der Lage, Probleme hypothetisch zu lösen. Geistiges Variieren und logische Schlussfolgerungen sind möglich. Auch die "Was wäre, wenn ..."-Fragen sind kein Problem mehr. Unrealistische Annahmen werden genauso angenommen wie abstrakte Probleme.

Piaget hat mit Inhelder in einem Versuch von 1958 herausgefunden, dass Probleme systematisch abgearbeitet werden. Die meisten Probanden fanden die Lösung, weil sie sämtliche Kombinationen ausprobiert hatten.

Ziel des Stufenmodells

Piaget will die selbstständige Entwicklung anregen und ermöglichen. Das Kind selbst wird für seine Entwicklung aktiv. Dafür benötigt das Kind viele Angebote, um sich mit seiner Umwelt auseinandersetzen zu können. Das Umfeld ist also dafür zuständig, Materialien zu liefern und Probleme zu simulieren, um im Kind das Interesse zu wecken, selbstständig und aktiv zu reagieren.

ERIK ERIKSON

Biografie

Der deutsch-amerikanische Psychoanalytiker heißt korrekt Erik Homburger Erikson. Er wurde am 15. Juni 1902 in Frankfurt am Main geboren und verstarb am 12. Mai 1994 in Massachusetts. Er ist ein sogenannter Freudianer und Vertreter der Ich-Psychologie. Bekannt wurde insbesondere sein Stufenmodell der psychosozialen Entwicklung.

Die Mutter von Erikson, Karla, war Jüdin und kam aus Kopenhagen. Ihr Mann verließ sie damals und sie ging nach Deutschland. Zu diesem Zeitpunkt trug sie ihr Baby bereits im Bauch. Den Namen des Vaters hat sie nie bekannt gegeben, auch nicht ihrem Sohn gegenüber. Dieser suchte ein Leben lang nach ihm und litt sehr darunter. Wie viele Kinder, die einen Elternteil nicht kennen, stellte er sich seinen Vater als etwas ganz Besonderes vor. Erikson wuchs also anfangs in Frankfurt auf, damals unter dem Namen Erik Abrahamsen. 1905 hat seine Mutter den Kinderarzt Theodor Homburger geheiratet, daher die Änderung zum Nachnamen Homburger. Zu dieser Zeit war ihm nicht klar, dass Homburger nicht sein leiblicher Vater ist und die Schwestern Ellen und Ruth eigentlich nur seine Halbschwestern sind.

Erikson arbeitete nach dem Gymnasium zunächst als Künstler und Hauslehrer in Wien bei einer amerikanischen Familie. Über diese Familie kam er erstmals mit der Psychoanalyse in Berührung. Zunächst lernte er Anna Freud kennen, später dann auch Sigmund Freud, Ernst Kris und andere Anhänger dieser Bewegung. Damals gab er das Malen auf und machte eine Ausbildung zum Psychoanalytiker.

Erikson lernte 1929 die kanadische Erzieherin Joan Serson kennen, die er später heiratete und vier Kinder mit ihr bekam. In der eigenen Familie gab es keine Psychoanalyse. Über Probleme wurde nicht gesprochen.

Seine Tochter sagte einmal, dass es in der Familie ein "Muster des Schweigens" gab. Ihr Vater hatte wohl eine sehr distanzierte Beziehung zu ihr. Traditionell war also die Mutter für die Erziehung der Kinder zuständig. Bei einem Sohn, Neil, wurde nach der Geburt das Down-Syndrom festgestellt, sodass Erikson ihn kurzerhand in ein Heim gab. Das alles tat er, ohne Rücksprache mit seiner Frau zu halten, und es wurde zum Tabuthema erklärt. Die Familie selbst zog dann weg und Neil starb mit 21 Jahren, ohne jemals wieder Kontakt zu seinen Eltern oder Geschwistern gehabt zu haben.

Als Jude musste Erikson vor den Nationalsozialisten fliehen und emigrierte mit seinem ersten Sohn Kai und seiner Frau nach Boston. Hier machte er die erste psychoanalytische Praxis für Kinder auf. Auch der Familienname änderte sich auf Erikson (nach der nördlichen Tradition ist Kai "Eriks Sohn" - daher Erikson) und nur er selbst behielt den Namen seines Stiefvaters bei. Später wurde er amerikanischer Staatsbürger und interessierte sich sehr für das Zusammenleben der Indianer. Er lebte eine Weile mit Sioux-Indianern und einem indianischen Fischerstamm zusammen und studierte deren Leben. Auch ohne Studium wurde er an mehreren Universitäten zum Professor für Entwicklungspsychologie. In Harvard entwickelte er damals sein Stufenmodell. Hier handelt es sich um die Weiterentwicklung der Analysen Freuds. Erikson unterteilt das Leben eines Menschen in acht Phasen, von der Geburt bis zum Tod.

In jeder Phase gibt es eine Krise, die zu weiteren Entwicklungen führt. Das Schlüsselwort für ihn ist die Ich-Identität (nicht die Entwicklung zum Ich, die oft als junger Erwachsener nachlässt). Mit seiner Frau zusammen entwickelte er das Phasenmodell. Auch als Übersetzerin war seine Frau tätig, da sie Englisch als Muttersprache gelernt hatte und so seine Arbeiten gut korrigieren konnte. Nach dem Tod ihres Mannes erweiterte sie das gemeinsame Stufenmodell um die neunte Lebensphase (hochbetagt).

In den 1950er Jahren verfasste Erikson Biografien über Mahatma Gandhi (Gandhis Wahrheit. Über die Ursprünge der militanten Gewaltlosigkeit) und Martin Luther (Der junge Mann Luther. Eine psychoanalytische und historische Studie), die psychoanalytisch orientiert waren. Die Biografie zu Gandhi brachte ihm 1970 sogar den Pulitzer Preis ein.

Er selbst hat sich ein Leben lang in Frage gestellt. Er war verunsichert, hielt sich für unzulänglich und wertlos. Seine Frau lernte er kurz nach einer schweren Depression kennen und ohne sie hätte er möglicherweise gar nicht so lange gelebt.

Ungefähr zehn Jahre vor seinem Tod begann er, sich geistig und emotional zurückzuziehen. Ab diesem Zeitpunkt führte seine Frau die Arbeit allein weiter, bis sie 1997 (drei Jahre nach ihrem Mann) selbst verstarb.

Phasenmodell

Genau wie Piaget geht Erikson von Phasen aus, die aufeinander aufbauen. Er weist jeder Phase eine bestimmte Charaktereigenschaft zu. Heute ist dies umstritten.

Erikson sah die Krisen im Leben als "notwendige Prozesse, die Evolution und Veränderung antreiben. Krisen sind Situationen, die uns erlauben, uns zu ändern, zu wachsen und mehr über uns zu lernen". Auch er hat erkannt, dass wir uns ständig verändern und uns immer weiter Wissen und Erfahrungen aneignen. Wäre das nicht der Fall, blieben wir in einer der Phasen stecken. Im Gegensatz zu Freud beachtete Erikson in seinen Phasen die psychosoziale Entwicklung. Jede Krise im Leben (die, nach seiner Annahme, in jeder Phase stattfindet) ist ein Wendepunkt in unserer Entwicklung. Wir können daraus psychologische Stärken entwickeln oder die Chance zur Veränderung ungenutzt verstreichen lassen. Setzen wir uns dem Konflikt aus, überwinden wir diese Phase und können in die nächste übergehen. Schaffen wir das nicht, könnte es sein, dass wir der nächsten Stufe nicht gewachsen sind.

Somit sagte er, dass wir im Laufe unseres Lebens Verhaltensweisen und Handlungen erlernen, die uns kompetent machen. Durchlaufen wir alle Phasen unproblematisch, dann haben wir mehr und mehr das Gefühl, immer mehr Kompetenz zu erlangen. Wird eine Phase jedoch nicht so durchlaufen, leiden Menschen unter dem Gefühl, nicht gut genug zu sein.

Die Entwicklungsphasen von Erikson sehen wie folgt aus:

1. Phase: Ur-Vertrauen vs. Ur-Misstrauen (0 - 1 Jahre)

(Ich bin, was man mir gibt.)

Babys sind von ihren Eltern abhängig, anfangs vor allem von ihren Müttern (durch das Stillen). Die Bindung an die Eltern zeigt ihnen, dass sie vertrauen dürfen. Das werden sie lernen, wenn wir als Eltern uns um unsere Babys kümmern, ihnen zu essen geben, sie wickeln und für die kleinen Würmer da sind. Irgendwann im ersten Jahr nimmt unser Baby seine Umgebung wahr und beginnt, diese zu entdecken. In dieser ersten Phase ist die größte Herausforderung, keine Angst zu haben, wenn die Eltern aus dem Blickfeld geraten. Machen wir alles richtig, wird unser Baby diese Angst überwinden und wissen, dass wir da sind, wenn es nötig ist. Hat unser Baby dieses Vertrauen aber nicht, wird es misstrauisch und skeptisch werden. Es lernt, von anderen nichts zu erwarten. Erikson ging also davon aus, dass ein Baby, was in einer liebevollen Umgebung aufwächst, auch zukünftig mit diesem Blick in die Welt gehen wird.

2. Phase: Autonomie vs. Scham (1 - 3 Jahre)

(Ich bin, was ich will.)

In dieser Zeit wird unser Baby zum Kleinkind und fängt an, sich frei und unabhängig zu bewegen. Je größer der Bewegungsradius wird, umso mehr bekommen sie das Gefühl der Selbstbestimmung. Wir Eltern sollten diese Phase fördern und unseren Kindern die Möglichkeit geben, eigene

Entscheidungen zu treffen. So werden sie diese Phase mit einem gesunden und gefestigten Selbstvertrauen beenden.

In dieser Phase versuchen sie aber auch, durch Weinen das zu bekommen, was sie wollen. Kommen wir Eltern diesem Weinen nicht nach, beginnen unsere Kinder, an sich zu zweifeln, und sie werden kaum noch die Initiative ergreifen. Sie werden sich verstecken und unsichtbar sein wollen. Das Selbstwertgefühl wird leiden und im Zweifel einen lebenslangen Glaubenssatz festigen.

Erikson war davon überzeugt, dass das Gleichgewicht zwischen Autonomie und Scham zu einem selbstbestimmten Kind führt, das vernünftig handelt und die Grenzen anerkennt, die ihm gegeben werden.

3. Phase: Initiative vs. Schuldgefühl (3 - 5 Jahre)

(Ich bin, was ich mir vorstellen kann, zu werden.)

Hier kommen wir in das Alter der Rollenspiele und Selbstinitiative. Kinder lernen spielend, indem sie andere nachmachen und in verschiedene Rollen schlüpfen. Sie entdecken ihre Macht und Kontrolle und können sich spielerisch behaupten. Finden unsere Kinder hier ein gutes Gleichgewicht zwischen der Zusammenarbeit mit anderen und der Eigeninitiative, werden sie lernen, die Ziele erreichen zu können, die sie erreichen wollen.

Zum ersten Mal vergleichen sie auch andere Kinder mit sich selbst und das kann schon einmal zu Eifersucht führen. Unser Kind könnte gekränkt sein, wenn wir als Eltern jemand anderem einmal mehr Aufmerksamkeit schenken als ihm. Kommt das öfter vor, kann das Kind Angst und Schuldgefühle entwickeln. Schuldgefühle sind nur dann hilfreich, wenn sie dem Kind zeigen, dass etwas falsch gelaufen ist. Kommen diese Gefühle aber gehäuft vor, kann es sein, dass das Kind neue Herausforderungen ablehnt, weil es nicht glaubt, diesen gewachsen zu sein. Schuld ist ein starker Auslöser von Angst.

4. Phase: Werksinn vs. Minderwertigkeitsgefühl (5 - 13 Jahre)

(Ich bin, was ich lerne.)

So langsam kommt das Kind in ein schulpflichtiges Alter. Spätestens in der Schule wird es neu gefordert und eignet sich Wissen und weitere Fähigkeiten an. Die Aufgaben werden komplexer, aber um gelobt zu werden, sollten sie die Aufgaben meistern. Auch die Entwicklung des Gehirns schreitet voran, was es den Kindern erlaubt, auch abstrakt zu denken. Klappt etwas gut, bekommt es dafür Anerkennung. Allerdings vergleichen die Kinder sich und ihre Fähigkeiten auch mit anderen und sollten diese noch mehr Anerkennung erhalten, dann kann das dazu führen, dass das Kind anfängt, sich minderwertig zu fühlen. Es ist schwer, hier ein Gleichgewicht zu finden. Wichtig an dieser Stelle ist es, den Kindern auch den Umgang mit Misserfolgen zu erklären, sonst trauen sie sich irgendwann gar nichts mehr zu und lehnen jede Aufgabe ab – aus Angst, zu versagen.

In Bezug auf diese Phase sprach Erikson auch von Kompetenz. Kinder glauben an sich und stellen nicht in Frage, ob sie einer Aufgabe gewachsen sind. Sie erkennen, welche Ziele sie realistisch erreichen können und welche noch zu weit weg für sie sind.

5. Phase: Identität vs. Identitätsdiffusion (13 - 21 Jahre)

(Ich bin, was ich bin.)

Auch wenn es damals das Wort „Pubertät“ noch nicht gab, so hat auch Erikson erkannt, dass Jugendliche in diesem Alter an vielem zweifeln. Die biologischen Veränderungen im Körper stürzen die jungen Erwachsenen in eine Identitätskrise. Sie verstehen nicht, was mit ihnen passiert, sind verwirrt und mögen das, was sie gestern noch toll fanden, heute nicht mehr. Wenn sie in den Spiegel schauen, gefällt ihnen nicht immer, was sie sehen. Sie werden sehr idealistisch und sind leicht zu beeindrucken.

Schaffen sie es, diese Phase zu überstehen, gehen sie mit einer neuen Identität daraus hervor. Sie finden ihre Rolle in der Gesellschaft und neue Ziele. Schaffen sie es nicht, werden sie weiter versuchen, jemand zu sein, der sie nicht sind. Erikson sah in dieser Phase die Grundlage für das zukünftige Erwachsenenleben.

6. Phase: Intimität vs. Isolation (21 - 39 Jahre)

(Wir sind, was wir lieben.)

In dieser Phase stabilisiert sich das Erwachsenendasein. Als Erstes wird die Rolle der Identität endgültig festgelegt. Wir fangen an, uns anzupassen, zumindest noch als junger Erwachsener. Wir finden heraus, was wir nicht bereit sind, zu tun, und handeln initiativ. Es werden neue Konzepte entwickelt und umgesetzt. Es werden Familien gegründet, ein neuer Freundeskreis entsteht und das Arbeitsleben beginnt. Durch diese vielen neuen Herausforderungen und die damit verbundenen Entscheidungen stabilisieren Erwachsene ihr Leben. Einige Dinge werden aufgegeben und andere erschließen sich uns. Wir sind bereit, Verpflichtungen nachzukommen, die manche Beziehungen von uns erwarten.

Schaffen es Menschen in dieser Zeit nicht, ihre Angst vor dem Neuen in den Griff zu bekommen, könnten sie später möglicherweise sehr isoliert leben. Auch bei Schwierigkeiten in intimen Beziehungen kann es zu Gefühlen der Angst kommen. Finden wir keinen Partner, fühlen wir uns einsam und allein. Das kann zu Minderwertigkeitsgefühlen führen und Glaubenssätze etablieren, die uns im Leben nicht weiterhelfen (Ich bin nicht gut genug.).

7. Phase: Generativität vs. Stagnation (39 - 65 Jahre)

(Ich bin, was ich bereit bin, zu geben.)

Die Definition der Generativität von Erikson ist das Verlangen, in einem reiferen Alter eine kommende Generation zu gründen und zu führen. Passiert das nicht, hat der Mensch das Gefühl, keinen Einfluss auf die Zukunft zu haben, und es kommt zur persönlichen Stagnation. Wir bauen unser Leben weiter aus, leben mit unserer Familie und die Karriere geht voran. Im mittleren Alter denken wir nicht mehr nur an unser direktes Umfeld, unser Horizont erweitert sich. Es geht nicht mehr nur um uns selbst und unsere nächsten Angehörigen. Wir wollen etwas leisten, das zum Vermächtnis wird. Schaffen wir das, erfüllt es uns sehr. Vollkommenheit erlangen nur die Menschen, die Ziele erreicht haben, nicht gescheitert sind und die ihren Ideen Zeit und Sorgfalt gewidmet haben.

Wenn wir dieses Ziel aber nicht erreichen, kann es auch sein, dass wir das Gefühl haben, nichts Sinnvolles erreicht zu haben oder gar erreichen zu können. Wir stellen den Erfolg unseres Lebens in Frage.

8. Phase: Integrität vs. Verzweiflung (65 Jahre und älter)

(Ich bin, was ich mir angeeignet habe.)

Diese letzte Phase des Lebens kann sehr friedlich und ruhig verlaufen oder voller Angst und Unruhe sein, je nachdem, wie wir die vorherige Phase durchlaufen haben. Normalerweise sollten wir jetzt in der Lage sein, unser bisheriges Leben realistisch einzuschätzen. Es kann sehr erfüllend sein, wenn wir Überlegungen und Erfahrungen kombinieren können. Wir schauen auf die Fußspuren, die wir hinterlassen haben, auf gemeinsame Erlebnisse und auf das, was wir alles erreicht haben. Sind wir grundsätzlich zufrieden mit unserem Leben, dann verzeihen wir jetzt unserem jüngeren Ich so manchen Fehler.

Natürlich erleiden wir in dieser Lebensphase Verluste. Das Gefühl, jetzt schon mehr erlebt zu haben, als noch vor uns liegt, kann verunsichern. Wir können nostalgisch werden, wenn es ungelöste Probleme oder wenn es Phasen gibt, die wir nicht komplett vollendet haben. Dann können wir in Depressionen verfallen, weil wir Angst vor Krankheiten und dem Tod haben.

Grundlagen der Entwicklung

Die Entwicklung unserer Kinder ist verschiedenen Faktoren unterworfen. Im Laufe unseres Lebens erwerben wir motorische Fähigkeiten, entwickeln eine Sprache und durchleben eine soziale Entwicklung. Außerdem entwickeln unsere Kinder im Laufe der Zeit ein Gefühl für sich selbst und später auch für andere. Sie lernen Emotionen kennen und müssen damit umgehen lernen.

ENTWICKLUNG DER MOTORIK UND DES KÖRPERS

Die Motorik ist das Erste, was ein Kind lernt. Am Anfang greifen die Babys nach unseren Händen. Sobald es geht, fangen Kinder an, zu sitzen und zu krabbeln, später stehen sie auf und lernen, zu gehen. Es ist schwer, hierfür einen Zeitplan festzulegen, denn jedes Kind entwickelt sich anders.

Viele Kinder lernen Laufen über Herumrobben auf allen Vieren oder Krabbeln. Andere lassen das einfach weg und die Eltern machen sich schon Sorgen, bis ihr Kind auf einmal steht und sich an der Schrankwand entlang hangelt. Andere Kinder kriechen erst einmal nur rückwärts oder rollen über den Boden. Die Motorik entwickelt sich bei manchen in parallelen Schritten, andere gehen einen Schritt nach dem anderen. Fakt ist aber, dass fast alle Kinder mit 10 Monaten frei sitzen und mit 20 Monaten frei gehen können.

Ist unser Kind erst einmal auf den Beinen, macht es die Wohnung unsicher. Jeder neue Untergrund ist eine Herausforderung und spannend. Kann sich ein Kind in der Wohnung sicher bewegen, ist es möglich, dass es auf Sand keinen Schritt tun mag oder auf der Wiese Probleme bekommt, weil es den Untergrund noch nicht kennt oder er nicht so eben ist, wie der bekannte. Dennoch wird Ihr Kind immer sicherer und mit jedem Schritt und jedem Tag werden die Entfernungen, die es zurücklegt, größer.

Es ist möglich, dass ein Kind mit der Entwicklung der Motorik so beschäftigt ist, dass andere Entwicklungen auf der Strecke bleiben. Dann erweitert sich zum Beispiel ihr Sprachschatz nur geringfügig oder sie wollen auf einmal keine Bücher mehr anschauen. Das ist kein Grund zur Sorge. Wenn Ihr Kind sicherer auf den Beinen wird, sollte es die anderen Bereiche wieder mit einbeziehen und schnell nachholen.

Wichtig ist es natürlich, alle Gefahrenquellen in der Wohnung und der Umgebung, in der sich Ihr Kind oft aufhält, zu entschärfen, beispielsweise scharfe Tischkanten, Schranktüren, an denen man sich die Finger einklemmen kann, und spitze Gegenstände auf dem Fußboden. Experten raten mittlerweile auch von Lauflernhilfen ab. Zum einen bergen auch diese ein Risiko, sich zu verletzen, und zum anderen erleichtern sie das Laufen lernen nicht wirklich.

Der nächste Schritt ist das Herumtoben. Jetzt wird auch die Welt unserer Kinder größer. Sie sind auf dem Spielplatz aktiv, tollen auf der Wiese oder toben durch Felder und Wiesen. Das ist sehr wichtig, weil die Kinder so lernen, mit ihrem Körper umzugehen und sich somit neue Fertigkeiten anzueignen. Auf einmal können sie auch rückwärts laufen, drehen sich im Kreis, steigen Treppen, balancieren und lernen Roller fahren. So verfeinert Ihr Kind seine Koordination und stärkt Ausdauer und Muskeln.

Unser Job als Eltern ist es nicht, unserem Kind das alles beizubringen. Das schafft es von ganz allein. Wir sind die Unterstützer, Ideengeber und Tröster. Wir sollten unserem Kind so viel altersgerechte Abwechslung wie möglich schaffen, damit ganz viele Erfahrungen gesammelt werden können, um sich geschickter und sicherer zu bewegen. Natürlich testen unsere Kinder hier schon ihre Grenze und schießen manchmal über das Ziel hinaus. Dann stürzen die Kinder und brauchen unsere Hilfe. Zum einen müssen wir natürlich die Verletzung versorgen, zum anderen sind wir aber auch dafür da, unser Kind aufzumuntern und ihm klar zu machen, dass es trotzdem weiter machen sollte. So gewinnen die Kinder neben den Fertigkeiten auch Selbstvertrauen. Lassen Sie Ihr Kind machen und helfen Sie nicht bei allen Versuchen nach. Es geht darum, etwas allein zu schaffen. Sie sollten natürlich bereitstehen, wenn es gefährlich werden könnte.

Früher habe ich oft Eltern auf dem Spielplatz beobachtet. Sie hoben ihr Kind hoch auf die Rutsche, weil sie die Stufen noch nicht allein hochsteigen konnten. Wenn man selbst mit seinem Kind oft auf dem gleichen Spielplatz ist, sieht man dann auch häufig die gleichen Eltern. Die Kinder, die nie die Stufen hochlaufen mussten, sahen auch keinen Grund, das zu erlernen, sie wurden ja hochgehoben. Natürlich war das Geschrei irgendwann groß, als die Eltern auf einmal der Meinung waren, die Kinder müssten das Hochsteigen jetzt können. Sie konnten es nicht, woher auch. Auch das muss geübt werden. Andere Kinder wurden nicht auf die Rutsche gesetzt. Sie konnten erst dann rutschen, wenn sie die Stufen auch hinauf kamen. Dabei standen ihnen die Eltern natürlich zur Seite. Diese Kinder hatten am Ende viel mehr Spaß am Rutschen, weil sie es selbst geschafft hatten.

Sollten Sie unsicher sein, ob sich Ihr Kind altersgemäß entwickelt, fragen Sie beim Kinderarzt nach. Natürlich gibt es bei manchen Kindern Beeinträchtigungen. Eine frühe Erkennung von Entwicklungsverzögerungen erlaubt den Einsatz therapeutischer Maßnahmen, um Bewegungsabläufe zu erlernen. So können Spätfolgen oft sehr gemildert oder verzögert werden.

Auch körperlich verändern sich die Babys zu Kleinkindern, Kindern und Jugendlichen. Sie verlieren den Babyspeck und sehen nicht mehr so pummelig aus. Anfangs haben die Babys noch einen ziemlich großen Kopf, er wächst aber dann im Gegensatz zum Körper langsamer. Dafür legen Beine und Arme rasant zu. Durch die Veränderung der Proportionen verlagert sich der Schwerpunkt des Körpers im Laufe der Zeit nach unten. So können die Kinder auch leichter das Gleichgewicht halten. Ungefähr ab dem vierten Lebensjahr zeigt sich der anlagebedingte Körperbau. Die Kinder bauen Muskeln auf, nehmen zu und die Knochen werden kräftiger. Ein Jahr später könnten wir dann schon von Bekannten, „das ist ganz die Mutter", hören. Ab jetzt bekommt unser Kind einen Gesichtsausdruck und es wird einem Erwachsenen immer ähnlicher.

ENTWICKLUNG DER KOGNITION UND WAHRNEHMUNG

Die Kognition oder die geistigen Fähigkeiten entwickeln sich nach und nach. Zu diesen Fähigkeiten gehören unter anderem Gedächtnisleistungen, Kreativität, Aufmerksamkeit, Problemlösung und Handlungsplanung.

Ganz am Anfang reagieren die Kinder nur auf Geräusche und erkennen, aus welcher Richtung diese kommen. Dinge werden zwar gesehen, aber doch eher mit dem Mund erkundet. Das Baby schaut uns an, wenn wir im Zimmer sind, und folgt uns mit dem Kopf. Es fängt an, nach Dingen zu greifen, und legt auch irgendwann schon Gegenstände in eine Schachtel. Etwas später zeigt es mit dem Finger auf etwas und versucht, mit Stiften zu malen. Mit dem zweiten Geburtstag kann das Kind schon unterschiedlich große Becher ineinander stapeln, Türme bauen und Deckel aufschrauben. Nach dem dritten Geburtstag werden einfache Puzzle interessant. Das Kind kann eigene Körperteile benennen und zwischen einem und vielen unterscheiden. Auch kennt es jetzt schon zwei Farben und kann diese unterscheiden. Wenn Ihr Kind vier wird, kann es langsam mit Zahlen umgehen. Es kann Mengen zwischen eins und drei erfassen. Auch unterschiedliche Farben, Größen und Formen kann es jetzt gleichzeitig beachten. Die Grundfarben sind kein Problem mehr und die Puzzles werden größer. Ein Jahr später kann Ihr Kind bis zu zehn Gegenstände zählen, baut Pyramiden aus mindestens sechs Bauklötzen und merkt sich vier Dinge, die unter einem Tuch versteckt werden. Mit dem sechsten Lebensjahr versteht das Kind die Regeln von Spielen, es kennt die meisten Farben und zählt bis zehn.

SPRACHENTWICKLUNG

Bei der sprachlichen Entwicklung geht es darum, wie viele Wörter das Kind lernt und wie es im Laufe der Zeit diese Wörter einsetzt. Ganz am Anfang ahmt Ihr Kind nur Laute nach, gern von Tieren. Irgendwann im Laufe des ersten Jahres kommen dann oft "Mama" und "Papa" oder "Oma" hinzu. Kurze Worte, die Ihr Kind immer wieder hört. Interessant ist es, zu sehen, dass das Kind durchaus schon auf seinen Teller schaut, wenn wir ihm das sagen. Es kennt also den Begriff, kann ihn selbst aber noch nicht aussprechen.

Ab dem zweiten Jahr wird der Wortschatz schon größer. Ihr Kind spricht schon bis zu 50 Wörter und fängt an, auch zwei Wörter oder mehr hintereinander zu sprechen. Es entwickelt ein Verständnis dafür, was "kalt" oder "schwer" ist, und bittet auch schon um Hilfe, wenn etwas nicht geht. Hat Ihr Kind Kuscheltiere oder Puppen, kann es auch schon die Körperteile benennen.

Ab dem dritten Lebensjahr werden Bilderbücher interessant, weil jetzt auch die Handlungen langsam verstanden werden. Das Kind kommuniziert mit seinem Teddy und fängt an, zu singen. In dem Alter sind Reime ganz toll. Hier rutschen wir in die erste Fragephase. Warum ist das so? Wieso machst du das? Das kann bei wissbegierigen Kindern durchaus anstrengend werden, denn sie können einem tatsächlich ein Loch in den Bauch fragen. Es lohnt sich aber immer, diese vielen Fragen zu beantworten. Ihr Kind spricht also langsam in ganzen Sätzen, hat einen großen Wortschatz und einen noch größeren passiven Wortschatz. Es versteht Aufforderungen und antwortet mit "Ja" und "Nein".

Im vierten Jahr erzählt uns ein Kind schon, was in den Bilderbüchern passiert. Es versteht also den Inhalt und kann ihn auch wiedergeben. Das ist die Zeit, in der die Kinder uns nach dem Besuch des Kindergartens ihren ganzen Tag erzählen. Oft sind die Erzählungen zeitlich noch ein wenig durcheinander, aber die Aufregung bringt das so mit sich. Mittlerweile kann Ihr Kind sogar das Gegenteil von "heiß" oder "sauber" benennen. Die Fragephase dauert noch an.

Ab dem fünften Jahr können Sie mit einfachen Weihnachts- oder Geburtstagsliedern oder Gedichten rechnen. Das Gedächtnis des Kindes ist jetzt schon so weit entwickelt, dass es sich kleine Verse oder Lieder merken bzw. auswendig lernen kann. Kinder in dem Alter erklären beim Spielen, was sie machen, sprechen komplette Sätze und antworten auch auf Fragen. Auch die Erzählungen aus dem Kindergarten werden in der korrekten chronologischen Reihenfolge wiedergegeben.

Ab dem sechsten Lebensjahr ist die grundsätzliche Entwicklung mehr oder weniger abgeschlossen. Natürlich kommen im Laufe der Zeit noch weitere Wörter hinzu, das erleben wir ja selbst als Erwachsene noch. Ihr Kind ist jetzt bereit, in seiner Muttersprache komplette Sätze zu bilden, Geschichten zu verstehen und wiederzugeben und Erlebnisse geordnet und verständlich zu erzählen.

SOZIAL-KOGNITIVE ENTWICKLUNG

Die sozial-kognitive Entwicklung bezieht sich auf die geistigen Prozesse, die für ein Leben mit anderen Menschen von Bedeutung sind. Zu

Beginn kommen die Kinder Aufforderungen nach und später schließen sie Freundschaften und ziehen sich allein an.

Im ersten Jahr funktioniert noch ganz viel über Nachahmung. Wenn die Mama die Küche wischt und das Baby schaut zu, kann es sein, dass die Gesten der Mama imitiert werden. Auch das Winken und das Klatschen mit den Händen beginnen jetzt. Am Ende des ersten Jahres zeigt ein Kind Interesse an anderen Kindern und spielt schon mit ihnen (z. B. gegenseitig einen Ball zurollen). Das Kind versteht Aufforderungen wie "Komm her" und reagiert darauf. Auch beim Essen möchte sich ein Kind schon allein ausprobieren.

Ab dem zweiten Jahr, wenn Ihr Kind auch mobiler wird, rennt es gern mit Altersgenossen herum. Es hilft auch schon beim Tisch decken und ahmt immer stärker häusliche Arbeiten nach. Im Sommer, wenn die Jacke auf ist, kann unser Kind sich schon selbst ausziehen. Gegen Ende des zweiten Jahres sollte auch das Anziehen eines T-Shirts oder Pullovers klappen. Beim Essen geht nicht mehr so viel daneben und das Kind kann sich fast allein die Hände abtrocknen.

Im dritten Jahr wird es spannend, denn Ihr Kind sagt auch einmal "Nein". Einfache Spielregeln wie „erst ich, dann du" versteht es. Es zieht sich selbst die Schuhe an und aus und kann große Knöpfe öffnen. Die eigene Kleidung erkennt das Kind und mittlerweile weiß es auch, ob es ein Junge oder ein Mädchen ist.

Ab dem vierten Jahr baut Ihr Kind langsam soziale Kontakte auf. Es lernt, zu teilen, und hat einen besten Freund oder eine beste Freundin. Es sollte kein Problem mehr sein, wenn das Kind ohne die Eltern im Kindergarten oder in der Spielgruppe ist. Es geht allein auf die Toilette, wäscht sich die Hände und kann sich allein an- und ausziehen. Diese Entwicklung setzt sich auch nach dem nächsten Geburtstag weiter fort.

Wenn das Kind sechs wird, bringt es gern Freunde mit nach Hause oder es hält sich selbst bei Freunden auf. Der Weg in den Kindergarten und später auch in die Schule kann allein bewältigt werden und Regeln im Alltag werden meist eingehalten.

SOZIAL-EMOTIONALE ENTWICKLUNG / ICH-ENTWICKLUNG

Die emotionale Entwicklung kann für Eltern ab einem bestimmten Alter eine Herausforderung werden. Ganz am Anfang kuschelt das Baby noch mit seinen Kuscheltieren oder Puppen. Nach einer gewissen Zeit kann es anfangen, zu fremdeln. Hier muss man als Elternteil etwas geduldig sein. Außerdem erkennt Ihr Kind sein Spiegelbild und es betastet dieses.

Im zweiten Jahr kann ein Kind schon einmal wütend werden und "Nein" sagen, wenn man zum Beispiel sein Spielzeug wegnimmt. Es sucht Trost, wenn es traurig ist, und nennt sich selbst beim Namen. Außerdem lächelt es, wenn es etwas geschafft hat.

Nach dem nächsten Geburtstag fängt Ihr Kind an, selbst etwas tun zu wollen. Wenn es nicht gleich klappt, nimmt es aber noch gern Hilfe an. In dieser Zeit werden Kinder zum Clown, weil sie andere gern zum Lachen bringen. Oft wird das solange wiederholt, bis die anderen nicht mehr lachen. So langsam hilft das Kind im Haushalt mit und versteht, wenn andere traurig sind, denn dann tröstet es den anderen. In diesem Alter kommen Kinder langsam in die Trotzphase, hier sind Geduld und Verständnis gefragt.

Ab dem vierten Jahr traut sich das Kind langsam, Freunde zum Spielen einzuladen. Ein "Nein" wird nicht mehr immer akzeptiert, aber so langsam kann unser Kind die Gefühle besser regulieren. Jetzt erkennt es sich selbst auch auf Babybildern. Das setzt sich auch im fünften Lebensjahr fort. In dieser Zeit fängt das Kind auch an, zu erzählen, wie es ihm gerade geht.

Ab dem sechsten Jahr sagt uns ein Kind, was es für Bedürfnisse hat. Es kann sich in andere Kinder hineinversetzen und versteht langsam Grenzen. Wenn nicht jeder Wunsch erfüllt wird, ist unser Kind zwar frustriert, kann damit aber umgehen.

ENTWICKLUNG DES SELBST

Ein Selbstbild entwickelt sich genau wie der Körper im Laufe der Zeit und ändert sich auch noch ein paar Mal. In den ersten drei Jahren entdeckt ein Kind sich als eigenständige Person. Ganz am Anfang hat Ihr Baby noch das Empfinden wie im Bauch der Mama, es ist eins mit Ihnen. Es lernt jedoch recht schnell, dass sein eigenes Handeln und sein Verhalten etwas bewirken. Es schreit und Sie füttern es, es lächelt und Sie lächeln entzückt zurück. Schaut sich das Baby zum Spielzeug um, geben Sie es ihm. Durch dieses gemeinsame Agieren bekommt Ihr Kind mehr und mehr ein Gefühl für sich selbst. Mit ca. drei Monaten begreift es seinen Körper als etwas Eigenes. In den nächsten Monaten wird dieses Körpergefühl weiter ausgebaut. Die Logik, selbst etwas machen zu können, führt zu einem weiteren Bewusstsein.

Schon im zweiten Jahr entwickelt ein Kind seinen eigenen Willen. Es erkennt erste Grenzen, wenn es etwas nicht machen soll. Das ist manchmal enttäuschend und dann braucht es Ihren Trost und Ihr Verständnis. Dennoch sind diese Grenzen wichtig, nicht nur, weil es sonst teilweise gefährlich werden kann, sondern auch, weil es wichtig ist, Gefühle wie Enttäuschung oder Traurigkeit zu erleben, um einen Umgang damit zu erlernen.

Mit dem Start ins dritte Lebensjahr agiert Ihr Kind mit seinem Spiegelbild. Es weiß jetzt: Das bin ich. Bis ein Kind aber auch "Ich" sagt, wird es noch eine Weile dauern. Auf einmal entdeckt Ihr Kind, dass es manchmal Wahlmöglichkeiten hat, dass es selbst etwas tun kann, und so wird sehr viel ausprobiert.

Am Anfang geht recht häufig noch etwas schief und manchmal kommen dann Gefühle in Ihrem Kind hoch, die es noch nicht kennt, und so weiß es nicht, wie es damit umgehen soll. In dieser Zeit sind Eltern manchmal auch überfordert und genervt. Versuchen Sie, ruhig zu bleiben. Ihr Kind braucht jetzt ganz viel Lob und Zuspruch von Ihnen, dass manchmal nur Übung den Meister macht. Um dieses innere neue Erleben Ihres Kindes ein wenig klarer zu machen, sind klare Strukturen und Routinen wichtig. Und auch Regeln und Grenzen sind jetzt zu setzen. Das klingt ein wenig drastisch, hilft Ihrem Kind aber auch, später noch einen Halt zu finden und die Orientierung nicht zu verlieren. Kinder testen immer die Grenzen aus und eine klare Haltung der Eltern ist an dieser Stelle sehr wichtig.

Bleiben Sie standhaft, auch in späteren Jahren. Ein klares „Nein“ möchte keiner gern hören, aber zumindest weiß das Kind dann, woran es ist. Wichtig an dieser Stelle ist es vielleicht noch, zu erwähnen, dass Sie Ihrem Kind erklären, warum es diese Regeln gibt – nur ein “Ja” oder ein “Nein” ist wenig hilfreich.

AUFFÄLLIGKEITEN ODER VERZÖGERUNGEN IN DER ENTWICKLUNG DES KINDES

Es ist völlig klar, dass sich jedes Kind anders entwickelt und dass sich dieser Vorgang nicht an ein Lehrbuch hält. Gerade beim ersten Kind sind wir als Eltern oft unsicher und wissen nicht so recht, woran wir uns halten sollen. Wir machen das, was wir immer machen, wir vergleichen. Ist das Kind vom Nachbarn genauso weit entwickelt wie meins? Oder macht mein Kind etwas anders? Ihr Kind sitzt in der Spielgruppe allein und die anderen Kinder spielen miteinander? Es gibt vieles, was uns als Eltern komisch vorkommt. Normalerweise gilt: erst einmal keine Panik. Wenn Sie die regelmäßigen Untersuchungen beim Kinderarzt wahrnehmen, dann können Sie diese Probleme ansprechen. Sicher können Sie Ihren Kinderarzt im Notfall auch einmal außerhalb eines regulären Besuchs befragen, bevor Sie völlig unsicher werden.

Ich möchte Sie auch nicht zunehmend verunsichern, sondern Ihnen lediglich ein paar Stichpunkte an die Hand geben, auf die Sie achten können.

Auffälligkeiten in der motorischen Entwicklung

Wenn Ihr Kind im Gegensatz zu anderen einfach nicht laufen oder hüpfen möchte oder beim Basteln oder Malen recht ungeschickt ist, dann könnte das ein Alarmzeichen sein. In erster Linie besteht hier die Gefahr, dass Ihr Kind lernt, „das kann ich sowieso nicht", und auch später eher ängstlich an neue Dinge herangeht. Damit ist das Selbstvertrauen Ihres Kindes in der Entwicklung gestört und das kann später auch zu aggressivem Verhalten oder zu Depressionen führen. Glauben Sie also, dass Ihr Kind, trotz intensiven Übens, in der motorischen Entwicklung hinter seinen gleichaltrigen Kameraden hinterher hängt, wenden Sie sich an Ihren Kinderarzt. Sollten tatsächlich Probleme dahinterstecken, wird er sie erkennen und sie können frühzeitig behandelt werden.

Probleme in der sprachlichen Entwicklung

Probleme in der Entwicklung des Sprechens sind nicht immer leicht zu erkennen. Manche Kinder sammeln die Wörter, sprechen sie aber nicht aus. Sie wissen genau, was gemeint ist, und reagieren auch darauf, sagen sie aber nicht aktiv. Irgendwann platzt dann der Knoten und von ein paar einzelnen Wörtern steigern sie sich direkt in regelrechte Wortschwalle. Fehler in der Aussprache sind durchaus normal und noch kein Grund zur Panik. Manche Kinder reden ganz selbstverständlich und deutlich, andere nuscheln eher vor sich hin. Es gibt auch Kinder, die nur wenige Wörter oder unvollständige Sätze von sich geben. Das kann verschiedene Ursachen haben. Vielleicht versteht Sie Ihr Kind nicht richtig? Auch hier ist der erste Ansprechpartner der Kinderarzt. Je eher solche Störungen bemerkt werden, umso besser kann man darauf reagieren und das Kind hat später in der Schule keine Probleme.

Hinweise auf spätere Lernstörungen

Beide oben genannten Problematiken können die Entwicklung Ihres Kindes behindern und ein Hinweis auf spätere Lernstörungen in der Schule sein. Deshalb ist es wichtig, hier frühzeitig aktiv zu werden, damit sich das Kind dann später nicht beim Lesen, Schreiben und Rechnen quält. Heute gibt es sehr viele Fördermöglichkeiten, um Auffälligkeiten zu beheben oder zumindest abzuschwächen.

Weitere Auffälligkeiten könnten sein, dass Ihr Kind nicht auf Sie reagiert, sich bei lauten Geräuschen furchtbar erschreckt oder sich ständig ablenken lässt. Es gibt auch Kinder, die sehr empfindlich auf Berührungen reagieren oder Gefahren nicht erkennen. Manche Kinder stolpern dauernd oder stoßen ständig irgendwo an. Auch wenn ein Kind immer auf Zehenspitzen läuft, sollten Sie das genauer beobachten. Spielt Ihr Kind immer das Gleiche oder kann sich nicht auf eine Sache konzentrieren, behalten Sie es im Auge. Kinder, die mit jeder fremden Person mitgehen würden, sind in Gefahr. Kann sich Ihr Kind auch kurz vor dem vierten Lebensjahr noch nicht von Ihnen trennen, sollten Sie erkunden, woran das liegt. Große Stimmungsschwankungen, aggressives Verhalten und keine Interaktion mit anderen Kindern können auch Alarmzeichen sein. Uns allen ist ADHS (Aufmerksamkeitsdefizit-/Hyperaktivitätsstörung) ein Begriff. Unter die Störungen im Sozialverhalten zählen auch noch ASS (Autismusspektrumsstörung) und SM (Selektiver Mutismus), die sich häufig im Kindes- und Jugendalter zeigen.

Das kommt jetzt alles etwas gehäuft und soll Ihnen keine Angst machen. Gehen Sie regelmäßig zu den U-Untersuchungen, wird Ihr Kinderarzt durch die Tests frühzeitig auf Probleme hinweisen.

Eine Internetseite möchte ich Ihnen an dieser Stelle ans Herz legen, auf der Sie sich in alle Richtungen informieren können: www.kindergesundheit-info.de.

Kurt Lewin – Forschung der Erziehungsstile

BIOGRAFIE

Kurt Tsadek Lewin wurde 1890 in Mogilno (damals ein preußischer Landkreis, heute gehört die Stadt zu Polen) geboren. Er ist einer der Pioniere der Psychologie und Mitbegründer der experimentellen Sozialpsychologie.

Lewin wächst in einem jüdischen Elternhaus auf und hat noch eine Schwester und zwei Brüder. 1905 kam die Familie nach Berlin, wo er ein Gymnasium besuchte. Vier Jahre später studierte er dann in Freiburg Medizin, ging nach einem Semester nach München und danach wieder zurück nach Berlin, wo er zur Philosophie und Psychologie wechselte.

1917 heiratete er seine erste Frau und bekam mit ihr zwei Kinder. Im Ersten Weltkrieg meldete er sich freiwillig zum Kriegsdienst und 1918 wurde er schwer verwundet. Durch den Krieg konnte er seine Promotion nicht beenden (die Experimente dazu wurden schon von 1912 bis 1914 durchgeführt). 1920 reichte er seine Habilitationsschrift ein ("Der Begriff der Genese in Physik, Biologie und Entwicklungsgeschichte"). Mit dem Buch traf er nicht den Nerv der Gutachter, deshalb wurde es zurückgezogen. Also schlug er den Weg zur kumulierten Habilitation ein, die als Kern die ausgebaute Variante seiner Doktorarbeit enthielt. Nach der Scheidung 1929 heiratete er seine zweite Frau. Mit ihr bekam er noch einmal zwei Kinder.

Anfang der 1920er Jahre begann er in Berlin an der Universität mit einer Lehrtätigkeit und lehrte und forschte dort, bis er 1933 in die USA emigrierte. Außerdem bildete er zusammen mit anderen die Berliner Schule der Gestaltpsychologie. Seine "Untersuchungen zur Handlungs-

und Affektpsychologie" bestanden aus über 20 Einzelstudien und dauerten von 1926 bis weit in die 1930er Jahre. Lewin knüpfte schon früh Kontakte in die USA und wurde 1932 zu einer halbjährigen Gastprofessur in Stanford geladen. Durch seine Flucht während der Zeit der Nationalsozialisten begann er, sich für das Verhalten von Menschen und besonders von Kindern zu interessieren. 1933 emigrierte er komplett und erhielt für zwei Jahre einen Vertrag an der Universität Cornwell. 1935 wechselte er an die Universität von Iowa, wo er 9 Jahre bleiben sollte. Anfang der 1940er Jahre begann er mit der experimentellen Erforschung von Gruppenverhalten. Die Theorie dazu war Jahre zuvor in Deutschland entstanden.

Erforscht wurden verschiedene Führungsstile, die heute als Ausgangsbasis der Erziehungsstile in der Pädagogik dienen. Der letzte berufliche Wechsel fand 1944 zum MIT statt. 1947 starb er bei Boston durch Überarbeitung an Herzversagen.

ERZIEHUNGSSTILE

Kurt Lewin hat sich im Rahmen der Erforschung von Erziehungsstilen einen Namen gemacht. Für die Experimente wählte er Erwachsene mit unterschiedlichen Führungsstilen und bildete mehrere Gruppen mit Kindern zwischen 10 und 12 Jahren. Das Verhalten der Erwachsenen war vorher genau festgelegt. Über Monate hinweg gab es regelmäßige Treffen in Gruppen mit Bastel- und Werkarbeiten. Hier wurden das Verhalten, die Gespräche und die Tätigkeiten von Leitern und Kindern genau dokumentiert. Nach diesem Experiment unterschied er folgende Führungsstile:

- Autoritärer Führungsstil

Der Leiter bestimmt die Aktivitäten in der Gruppe durch Befehle und Kommandos. Er arbeitet mit Strafen, Drohungen und Einschüchterungen und tadelt oder lobt einzelne Kinder. Es wurden gute Ergebnisse in dieser Gruppe erzielt, aber die Kinder wurden aggressiv und egoistisch.

- Demokratischer Führungsstil

Hier gibt der Leiter einen Überblick über das Ziel und die Aufgaben. Dann wird gemeinsam in der Gruppe diskutiert, welche Entscheidungen richtig sind. Auch nimmt der Leiter die Probleme der Kinder wahr und gibt Lösungswege vor, die ausgewählt werden können. Im Experiment entsprachen die Ergebnisse in etwa denen der autoritär geführten Gruppe. Die Kinder waren allerdings deutlich entspannter, zufriedener und sehr kreativ und spontan.

- der Laissez-faire Führungsstil

In dieser Gruppe agiert ein sehr passiver Leiter. Er bietet unterschiedliche Materialien an, gibt aber sonst keine Hilfestellung und bewertet auch nichts. Das Verhalten von ihm ist immer freundlich. Die Gruppe kommt nur zu sehr unproduktiven Ergebnissen, sie ist wenig zielstrebig und handelt planlos. Die Kinder sind gereizt, enttäuscht und sehr unproduktiv.

Diese Typologie ist heute die Grundlage der weiteren Erforschung der Erziehungsstile. Und wie bei jeder Forschung gibt es natürlich auch hier kritische Stimmen. Die einen sagen, die Stile sind zu undifferenziert und willkürlich, andere bemängeln, dass Begriffe wie "autoritär" oder "demokratisch" zu politisch und damit an bestimmte Weltanschauungen gebunden sind. Zudem geht man weder auf die Persönlichkeit der Kinder noch auf andere Faktoren ein. Das war also Ende der 30er Jahre. Wie sich die Erziehungsstile bis heute weiterentwickelt haben, beschreibe ich im nächsten Kapitel.

Erziehungsstile im Überblick

In der heutigen Pädagogik sind verschiedene Erziehungsstile bekannt. Von Lehrern und Erziehern wird heute in erster Linie der demokratische Erziehungsstil genutzt.

AUTORITÄRER ERZIEHUNGSSTIL

Wie oben schon beschrieben, gehen hier die Aktivitäten zum Großteil von den Eltern aus. Dieser Stil ist gekennzeichnet von Strenge, vielen Regeln, hohen Erwartungen, Belohnungen und Bestrafungen. Das eigene Verhalten und Denken werden den Kindern quasi übergestülpt. Um das gewünschte Verhalten zu erzielen, werden Befehle und Androhungen ausgesprochen. Die Bedürfnisse des Kindes sind zweitrangig. Schlussendlich gibt es eine Hierarchie innerhalb der Familie, das Kind muss sich unterordnen. Es gibt sehr wenig emotionale Unterstützung und eine sehr eingeschränkte Freiheit, sich zu entfalten. Durch die streng vorgegebenen Regeln kann kaum kreatives Denken oder spontanes Handeln entstehen und daraus resultiert am Ende, dass ein Kind wenig Selbstvertrauen entwickelt. Es ist oft aggressiv und übernimmt das Wording der Eltern.

ANTIAUTORITÄRER ERZIEHUNGSSTIL

Wie der Name schon sagt, ist dieser Erziehungsstil das Gegenteil der autoritären Erziehung. Es gibt keine Zwänge und die Kinder haben freie Hand, was die Persönlichkeit und das Selbstbewusstsein fördern soll. Natürlich werden Kinder dann auch kreativer und entfalten sich. Grundsätzlich war das eine gute Idee, es wurde allerdings von einigen Eltern falsch verstanden, sodass es auch heute noch einige "flegelhafte Egoisten" gibt. Im Prinzip ging es darum, von dem festgelegten Alltag wegzukommen und den Kindern mehr Spielraum zu geben. Heute gehen die meisten Eltern davon aus, dass nur Zuckerbrot und Peitsche nicht zu den gewünschten

Ergebnissen führt. Ein Problem dieses Erziehungsstils ist, dass Kindern kaum Grenzen gesetzt werden. Sie müssen nicht für etwas kämpfen und damit fehlen ihnen auch die negativen Erfahrungen und der Umgang damit.

AUTOKRATISCHER ERZIEHUNGSSTIL

Wer jetzt geglaubt hat, es gäbe keine Steigerung der autoritären Erziehung, der sei eines Besseren belehrt. Der autokratische Erziehungsstil geht davon aus, dass es zwingend notwendig ist, Autorität gegenüber seinen Kindern auszuüben. Es braucht eine "starke Hand", strenge Regeln und keine Kompromisse. Jede Form der Eigeninitiative der Kinder oder gar Selbstständigkeit wird unterdrückt. Die Meinung des Kindes zählt nicht, ein Mitspracherecht hat es nicht. Im Vordergrund stehen das Akzeptieren und Befolgen der Regeln, um ein Ziel zu erreichen. Das Kind lernt, dass es keine Fehler machen sollte, damit es nicht bestraft wird. Lob wird hier eher wenig verteilt. Minderwertigkeitsgefühle und Aggressionen sind oft die Folge. In einigen Fällen richteten sich die Verletzungen auch bereits gegen sich selbst.

DEMOKRATISCHER ERZIEHUNGSSTIL

Beim demokratischen Erziehungsstil werden alle wichtigen Entscheidungen gemeinsam besprochen. So können die Kinder lernen, selbst aktiv zu werden. Es gibt eine ausgewogene Mischung zwischen Freiheit und Autorität. So erhält ein Kind Vorschläge, die seinen Wünschen und Bedürfnissen entsprechen. Die Eltern sind sozusagen ein sicherer Hafen, zu dem das Kind jederzeit kommen kann. Sie reagieren mit Einfühlungsvermögen, Zuneigung und Akzeptanz. Bei diesem Erziehungsstil hat sich herausgestellt, dass viele Kinder einen komplexeren Wortschatz und Sprachstil zeigen, weil die Eltern in ständiger Kommunikation mit ihnen stehen. Die Kinder werden selbstsicherer und trauen sich mehr zu. Auch im sozialen Bereich kann das Kind viel lernen, weil es mit Wertschätzung groß wird, die Zusammenarbeit mit anderen lernt und auch mit deren Kritik frühzeitig konfrontiert wird. Damit lernen diese Kinder, wie sie mit Kritik umgehen und dass es auch nicht schlimm ist, einmal einen Fehler zu machen oder etwas nicht beim ersten Mal zu können. Durch die eigene Freiheit können sie sich ausprobieren und entdecken so viele neue Talente. Wie man Konflikte löst, lernen sie schon seit frühester Kindheit, sodass sie auch später im Erwachsenenalter damit keine Probleme haben sollten. Nachteilig an diesem Erziehungsstil ist nur, dass die Eltern sich hier manchmal auf lange Diskussionszeiten einstellen müssen. Hier brauchen die Eltern Geduld, da es ja keine Hierarchien gibt.

Natürlich gibt es Regeln und Grenzen, die eingehalten werden müssen und je nach Alter verändert werden. Es ist im Prinzip wie auf der Autobahn. Die Eltern sind die Leitplanken rechts und links und dazwischen darf sich das Kind frei bewegen und entfalten.

EGALITÄRER ERZIEHUNGSSTIL

Hier haben wir nun die Steigerung des demokratischen Erziehungsstils. Es herrscht absolute Gleichberechtigung zwischen Kindern und Eltern. Die Meinung des Kindes ist nicht nur wichtig, sondern wird explizit eingeholt und grundsätzlich berücksichtigt. Die Meinung des Kindes zählt genauso viel wie die Meinung der Eltern. Natürlich werden damit Kreativität, Eigeninitiative und Selbstständigkeit gefördert. Hier brauchen Eltern allerdings viel Geduld. Da ein Kind manche Entscheidungen noch gar nicht abwägen und die Konsequenzen somit auch nicht kennen kann, wird sehr viel geredet, bis eine Entscheidung getroffen wird. Außerdem lernt ein Kind nicht, dass es Regeln gibt, die akzeptiert werden müssen und nicht verhandelbar sind. Langfristig könnte es auch im beruflichen Leben zu Problemen kommen, da hier Hierarchien existieren und ein Umgang mit diesen nie erlernt wurde.

LAISSEZ-FAIRE ERZIEHUNGSSTIL

Wie schon Kurt Lewin definierte, ist das eher ein passiver Erziehungsstil. Es gibt minimale Vorgaben, ansonsten sind sich die Kinder oft selbst überlassen. Es fehlt an klaren Grenzen, sodass Orientierung für Kinder schwierig wird und ein Sicherheitsempfinden oft gänzlich fehlt. Da die Eltern kaum Ansprüche an ihre Kinder haben, gibt es wenige Auseinandersetzungen. Sollte es doch einmal dazu kommen, ist die Auffassung der Kinder nicht von Belangen. Oft hat man das Gefühl, dass die Eltern sich kaum für ihre Kinder interessieren und nur das tun, was wirklich nötig ist. Kinder, die so erzogen wurden, haben später oft Probleme, mit anderen eine Beziehung aufzubauen und diese auch beibehalten zu können. Es gab ja keine positiven emotionalen Beziehungen beim Großwerden. Auch in der Schule dürfte es schon zu Schwierigkeiten kommen, da diese Kinder nie gelernt haben, sich anzupassen oder Aufgaben in einer vorgegebenen Zeit zu erledigen. Diese Kinder könnten sich später in Alkohol und/oder Drogen flüchten und damit auch in die Kriminalität abrutschen. Im Prinzip sind sie vom Leben überfordert.

NEGIERENDER ERZIEHUNGSSTIL

Die Steigerung des letzten Stils ist der negierende Stil. Ich sage bewusst nicht Erziehungsstil, weil eine Erziehung hier nicht mehr stattfindet, zumindest nicht durch die Eltern. Das Kind kann machen, was es will, es gibt keine Regeln und auch kein Interesse an dem Kind. Ob und wie die Entwicklung des Kindes stattfindet, ist irrelevant. Es hängt einzig vom Zufall und der Umwelt ab, was aus dem Kind wird. Im Prinzip ist es eine seelische und körperliche Verwahrlosung des Kindes. Diese Kinder können kein Selbstvertrauen aufbauen und wissen nicht, was körperliche Nähe oder Zuspruch ist. Es gibt keine positiven Erfahrungen. Auch hier führt die Spirale im Zweifelsfall Richtung Drogen, Alkohol und Aggressionen.

PERMISSIVER ERZIEHUNGSSTIL

Der permissive Erziehungsstil ist quasi die gemäßigte Form von Laissez-Faire. Auch hier halten sich die Eltern eher zurück, stehen aber bereit, wenn das Kind Bedürfnisse äußert, und sind freundlich. Die Kinder müssen immer selbst die Initiative ergreifen und Verantwortung übernehmen. Das ist für die Entwicklung eines eigenen Standpunktes und einer eigenen Meinung von Vorteil. Zumindest gibt es bei diesem Stil ab und an Grenzen. Auch hier wird es später sicher Probleme mit der Bindung an Personen geben. Möglich ist auch, dass nicht gelernt wird, wie mit Nähe, Distanz und Ablehnungen umgegangen wird.

Erziehungspsychologie

An dieser Stelle möchte ich gern mit der Theorie aufhören und Ihnen noch ein paar praktische Hinweise für die Erziehung Ihres Kindes geben. Die Theorie ist immer sehr hilfreich, um Hintergründe zu verstehen, lässt sich aber nicht immer einfach so in die Praxis umsetzen, es sei denn, Sie sind ausgebildeter Pädagoge und haben es gelernt. Wir anderen Eltern geben uns große Mühe und scheitern doch manchmal an den Herausforderungen des Alltags. Die Erziehungspsychologie ist ein Teil der Entwicklungspsychologie bzw. hat sich aus deren Erkenntnissen abgeleitet.

GRUNDSÄTZE DER ERZIEHUNG

Ich gehe einfach einmal davon aus, dass Sie Ihr Kind bestmöglich erziehen wollen, sonst hätten Sie diesen Ratgeber jetzt nicht in der Hand. Sie wissen, dass die Erziehung Ihres Kindes kein Kinderspiel wird, und machen sich Gedanken darüber, wie Sie am besten in bestimmten Situationen reagieren könnten. Wir alle wissen, dass wir nicht die Nerven verlieren sollten, und trotzdem passiert es doch ab und zu. Besonders, wenn die Kinder in der Trotzphase sind oder zum Teenager werden, kommen Eltern manchmal an ihre Grenzen. Es gibt endlose Diskussionen und Kämpfe und das führt nicht selten zu Frust auf allen Seiten. Ich kann Ihnen keine Patentlösung anbieten. Alles, was ich Ihnen mit auf den Weg geben kann, sind Grundsätze, die sich auch bei anderen Kindern in jedem Alter schon bewährt haben.

1. Anerkennung
2. Motivation
3. Strukturen und Rituale
4. feste Regeln und Konsequenzen

5. Geborgenheit
6. Vorbildfunktion
7. Freiräume schaffen
8. Förderung, nicht Überforderung
9. Kommunikation
10. Liebe

An dieser Stelle werde ich einmal ein wenig aus dem Nähkästchen plaudern, um die Theorie mit praktischen Beispielen verständlich zu machen. Ich kann Ihnen aus meinen eigenen Erfahrungen berichten und auch aus den Erfahrungen meiner besten Freundin. Sie ist Mama einer mittlerweile 25-jährigen Tochter und die beiden haben natürlich im Laufe der Zeit so einiges erlebt. Ihre Tochter ist nach ihrem 18. Geburtstag ausgezogen, aber die beiden haben heute ein so inniges Vertrauensverhältnis, wie ich es mir für mein Kind und mich auch wünschen würde. Ich gehe jetzt auf die 10 Punkte, die ich oben genannt habe, näher ein.

Anerkennung

Zeigen Sie Ihrem Kind zu jeder Zeit, dass Sie es wertschätzen und anerkennen. Hat mein Kind eine gute Idee, ist es leicht, ihm zu sagen, dass ich das großartig finde. Aber in Zeiten, wo nicht alles so toll ist, wird es schwieriger. Doch gerade in diesen Zeiten ist es besonders wichtig, meinem Kind zu zeigen, dass ich die Entscheidungen, die es trifft, akzeptiere. Ich muss nicht alles richtig finden und möglicherweise hätte ich es auch anders gemacht, aber mein Kind ist nun einmal keine Kopie von mir, sondern eine eigenständige Person mit einem eigenen Kopf. Normalerweise lasse ich mir erklären, warum mein Kind so entschieden hat, und oft verstehe ich es dann. Schon dafür, dass es sich im Vorfeld Gedanken gemacht hat, verdient es doch Anerkennung.

Wie ich schon erwähnt habe, ist die Tochter meiner Freundin schon älter und hat die Ausbildung abgeschlossen. Nun suchte sie vor einiger

Zeit ihren ersten Job nach der Ausbildung und stand vor der Wahl zwischen zwei Arbeitsstellen, die sie hätte bekommen können. Also fragte sie ihre Mama um Rat. In dem einen Job würde sie Teil eines Teams im Büro werden. Die andere Stelle wäre im Vertrieb, wo sie eher als Einzelkämpfer unterwegs wäre. Ihre Mama hat ihr die Unterschiede zwischen beiden Stellen verständlich gemacht und auch die bisherigen Erfahrungen ihrer Tochter im Berufsleben aufgezeigt. Ihre Meinung war, dass der Bürojob im Team als Einstieg ins Arbeitsleben wahrscheinlich besser geeignet wäre. Außerdem sagte sie ihrem Kind noch, dass es auf sein Bauchgefühl hören soll, denn es macht keinen Sinn, etwas zu starten, bei dem der Bauch grummelt.

Ein paar Tage später zeigt die Tochter der Mama den Arbeitsvertrag. Sie hatte die Stelle im Vertrieb gewählt. Die Reaktion meiner Freundin war großartig. Sie gratulierte ihrer Tochter zum unterschriebenen Vertrag und zusätzlich dazu, dass sie eine eigene Entscheidung getroffen hat, die nicht der Meinung der Mama entsprach.

Beide legen ein Verhalten an den Tag, das wertschätzend ist und auf einer Vertrauensbasis beruht. Die Tochter fragt die Mama um Rat. Sie vertraut darauf, dass die Mama nicht sauer wird, wenn sie eine andere Entscheidung trifft (und nicht dem Rat von Mama folgt). Und die Mama fragt nicht, warum ihr Kind anders entschieden hat, oder macht ihm gar Vorwürfe, dass das Kind ja dann im Vorfeld gar nicht hätte fragen müssen, wenn es doch eine andere Wahl trifft.

Die beiden zeigen mir immer wieder, wie stark Vertrauen sein kann, das über Jahre wächst, und wie harmonisch es trotz unterschiedlicher Meinungen im Leben zugehen kann. Dahinter steht: Was immer du entscheidest, es ist ok. Ich erkenne deine Meinung an und wenn du mich brauchst, bin ich für dich da.

Motivation

Mein eigenes Kind kann ich ziemlich leicht motivieren. Sie ist unheimlich neugierig auf alles und für sehr viel zu begeistern. Dadurch habe ich viele Möglichkeiten, die Gedanken meines Kindes auf etwas andere umzulenken, wenn einmal etwas nicht so gut geklappt hat.

Wir hatten zum Beispiel einige Probleme beim Zubinden der Schnürsenkel. Es hat uns beide manchmal an den Rand des Wahnsinns gebracht. Mal klappte es fast, dann ging es wieder nicht. Ich habe es ihr gefühlt eintausend Mal gezeigt und sie machte keine Fortschritte. Das hat uns beide frustriert. Jetzt hätte ich es uns leichter machen können, indem ich einfach Schuhe mit Klettverschlüssen gekauft hätte. Das wäre aber nur eine kurzfristige Entspannung gewesen, denn irgendwann hätten wir ja wieder vor dem gleichen Problem gestanden. Also habe ich mich mit meinem Kind hingesetzt und besprochen, woran es denn liegen könnte, dass es nicht klappt. Und so kamen wir darauf, dass ihr im Kindergarten eine andere Variante gezeigt wurde und mein armes Kind jetzt versuchte, zwischen der Variante im Kindergarten und meiner Variante eine Zwischenlösung zu finden. Kein Wunder, dass es nicht funktioniert hat. Ich wusste gar nicht, dass es verschiedene Möglichkeiten gibt, die Schuhe zuzubinden.

Also habe ich mir einmal zeigen lassen, was sie im Kindergarten gelernt hat, zumindest so weit, wie sie kommt. Und da schaute sie mich an und sagte mir, dass sie lieber meine Variante lernen will, die aus dem Kindergarten wäre blöd. Das fand ich sehr süß und so wurde es natürlich für mich leichter. Also haben wir wieder von vorn angefangen, unsere Füße nebeneinandergestellt und Schritt für Schritt beide eine Schleife gemacht. Ein paar Tage später hatte sich das Problem erledigt. Selbstverständlich habe ich mein Kind für seine Fortschritte gelobt. Ich glaube aber, dass es sie mehr motiviert hat, dass ich bei ihr blieb, es immer wieder vorgemacht und ihr geholfen habe. Wenn sie eine Pause brauchte, dann haben wir am nächsten Tag weitergemacht. So haben wir das Ganze etwas entspannter gestaltet. Am Ende kam sie sogar zu mir und wollte weiter üben – wehe, ich schlug eine Pause vor. Das Leuchten in den Augen meines Kindes, als sie die erste Schleife ohne Anleitung und Hilfe hinbekommen hat, war großartig. Wir waren beide sehr stolz auf sie.

Meine Freundin ist mit ihrer Tochter schon ein paar Jahre weiter. Mir fallen hier die schlechten Zensuren ein, die natürlich ab und zu vorkamen. Auch wenn sie richtig gut in der Schule war, so kam eben doch ab und an einmal eine fünf oder sechs zustande. Damit hatte das Kind mehr Probleme als die Mama. Denn normalerweise fielen ihr die meisten Dinge einfach zu. Sie war also von sich selbst enttäuscht und das manchmal ziemlich heftig. Glücklicherweise hat sie nie eine schlechte Zensur versteckt, weil sie wusste, dass es daheim deshalb keine Probleme geben würde.

Meine Freundin hat schon seit Beginn der Schule Lernstrategien mit ihrem Kind gefunden und diese im Laufe der Jahre auch immer wieder angepasst. Durch die Grundschule ist das Mädchen dann auch ohne Probleme gekommen, später wechselte sie aufs Gymnasium. Erst da kamen dann auch schlechtere Noten. Nun war das erfolgsverwöhnte Kind damit erst einmal überfordert. Schließlich lief es doch bisher auch irgendwie von allein. Schlussendlich hat meine Freundin aber immer den gleichen Rat gegeben. Solange sich das Kind vorbereitet und lernt, hat es alles getan, was es konnte, und wenn dann trotzdem eine schlechte Note kommt, ist das nicht schlimm. Schlimmer wäre es, sich nicht vorzubereiten. Die Antwort ihrer Tochter war dann: Wenn ich ohne Vorbereitung die Note vermassele, dann habe ich die schlechte Zensur auch verdient. Die beiden haben sich dann die Arbeit vorgenommen und sind jede Aufgabe durchgegangen, um zu schauen, wo der Denkfehler lag. So war für ihr Kind also auch immer klar, Mama ist da und unterstützt mich. Das Gefühl, minderwertig zu sein, verschwand so direkt während der gemeinsamen Arbeit an den Fehlern. Häufig war es übrigens so, dass bei einer schlechten Note der Tochter meiner Freundin der komplette Klassendurchschnitt unterirdisch war und die Arbeit von allen noch einmal wiederholt wurde. Es lag also möglicherweise nicht an jedem einzelnen Kind allein, sondern daran, dass das Thema unverständlich erklärt wurde. Meine Freundin hat ihrer Tochter immer wieder gesagt: Wenn ich dir etwas erzähle und du verstehst es nicht, dann sag mir das bitte. Es liegt nicht daran, dass du zu blöd bist, sondern daran, dass ich noch nicht die richtigen Worte gefunden habe, es dir beizubringen.

Es geht also darum, das Kind zu motivieren, etwas zu tun, auch wenn es im Vorfeld schief gegangen ist. Es ist nicht schlimm, wenn etwas nicht funktioniert, schlimm wäre nur, es nicht wieder zu versuchen.

Struktur und Rituale

Strukturen sind meiner Ansicht nach nicht nur für Kinder wichtig. In vielen Familien wird gemeinsam gefrühstückt und zum Abendbrot gegessen, es gibt gemeinsame Ausflüge am Wochenende oder man geht gemeinsam Einkaufen. Das passiert oft von ganz allein, weil es sich so einspielt.

Als ich selbst noch ein Teenager war, hatte ich einen Freund, der zweimal die Woche immer um 19 Uhr zuhause sein musste. Dann war nämlich Badetag. Damals haben wir uns darüber lustig gemacht und heute ist das kaum noch vorstellbar. Dieses Ritual gab es nur deswegen, weil zu dieser Zeit der Badeofen angeheizt wurde und es nur dann warmes Wasser im Bad gab. Das machte man nicht jeden Tag, sondern zu festgesetzten Zeiten, und dann ging die ganze Familie in die Wanne, natürlich nacheinander. Es gibt also in unserem Leben Strukturen, die uns mehr oder weniger durch äußere Umstände vorgegeben werden.

Die Tochter meiner Freundin kam irgendwann in die Pubertät. Sie war viel mit Freunden unterwegs und tagsüber in der Schule. Auch meine Freundin war den ganzen Tag arbeiten. An manchen Tagen gaben sich die beiden nur noch die Klinke in die Hand und kommunizierten über kleine

Zettel. Das hat zwar funktioniert, war aber keine optimale Lösung. Und so haben sich die beiden Mädels zusammengesetzt und einen Tag in der Woche zum Mama-Tochter-Tag erklärt. Dieser Tag bzw. Abend gehörte nur den beiden. Da sind sie etwas essen gegangen, ins Kino oder haben sich einfach eine Pizza bestellt. Da sie sich beide darauf geeinigt hatten, funktionierte das prima. Zum Feierabend meiner Freundin war ihre Tochter zuhause und hatte an diesem Abend auch nichts mehr vor.

Wenn doch einmal etwas dazwischenkam, dann wurde der Tag einfach auf einen anderen Wochentag verschoben. In dieser Zeit konnten sie Probleme besprechen, die sonst vielleicht hinten heruntergefallen wären und die man nicht einmal schnell zwischendurch besprechen konnte. Oder sie haben einfach die Zeit gemeinsam genossen. Diese Routine haben die beiden bis zum Auszug der Tochter beibehalten.

Während meiner eigenen Ehe gab es auch ein Ritual. Die ganze Familie musste jeden zweiten Sonntag zur Schwiegermutter zum Mittagessen. Ganz ehrlich, es hat total genervt. Ich mochte meine Schwiegermutter, aber vordiktierte Essen finde ich nicht so prima. Zum einen war ich ja froh, am Wochenende auch einmal meine kleine Familie um mich zu haben und allein mit ihr Zeit verbringen zu können, schließlich waren wir ja in der Woche auch alle auf der Arbeit oder in der Schule. Zum anderen wurden diese Treffen einfach vorgegeben. Da wurde nichts abgesprochen oder einmal nachgefragt, es wurde einfach entschieden.

Was ich damit sagen möchte, ist, dass Rituale oder Strukturen sehr wichtig sind, um allen eine gewisse Sicherheit zu vermitteln. Wir und auch unsere Kinder haben schon genug Stress im Alltag, da ist es hilfreich, sich auf ein paar stabile Dinge einfach verlassen zu können. Wichtig ist aber auch, dass die Strukturen gemeinsam festgelegt werden, damit auch alle dahinterstehen. So etwas kann man nicht einfach durchdrücken und erwarten, dass es funktioniert. Außerdem sollten diese Rituale auch hin und wieder überprüft und ggf. angepasst werden. Wenn die Kinder älter werden, wollen sie auch mehr Zeit mit ihren Freunden verbringen. Man kann als Elternteil nicht davon ausgehen, dass sie dann freiwillig jeden Abend zuhause verbringen, nur weil es immer so war. Dann sitzen die Kinder vielleicht noch am Tisch, aber sagen keinen Ton oder zeigen klar ihre Ablehnung. Vielleicht kommen sie auch einfach nicht zur vereinbarten Zeit und dann macht man sich als Elternteil Sorgen. Deshalb ist es wichtig, solche Dinge gemeinsam zu entscheiden.

Regeln und Konsequenzen

Unsere Welt besteht aus Regeln. Es gibt sie überall, ob im Straßenverkehr, in Unternehmen oder in der Wirtschaft. Sie mögen uns nicht immer gefallen, aber im öffentlichen Leben können wir daran herzlich wenig ändern. Wir können nicht einfach den Linksverkehr einführen, nur weil uns heute einmal danach ist. Gerade daran erkennt man aber, dass Regeln durchaus auch sinnvoll sein können. Und deshalb ist es auch innerhalb der Familie notwendig, gemeinsam gewisse Grundregeln zu erarbeiten. Im Laufe der Zeit werden dann einige Regeln verworfen, andere geändert und neue können hinzukommen. Je nach Alter unserer Kinder passen wir die Regeln an.

Hierzu wieder ein paar Beispiele aus den Erfahrungen meiner Freundin. Ihre Tochter musste schon von klein auf ein wenig Ordnung in ihrem eigenen Zimmer halten. Zu Beginn waren es natürlich nur kleine Dinge, wie Bescheid zu sagen, wenn der Papierkorb voll war, oder die schmutzigen Sachen in den Wäschekorb legen bzw. am Abend die Spielsachen einsammeln und in die Spielkiste zurücklegen. Je älter sie wurde, desto mehr Aufgaben übernahm sie dann auch. Als sie aufs Gymnasium kam, unterhielten sich die beiden über die Aufgaben im Haushalt, die innerhalb der Woche anfallen und die Mama bisher allein übernommen hat. Meine Freundin hat ihrer Tochter also alle Aufgaben aufgezählt und auch eine ungefähre Angabe dazu gemacht, wie lange sie zeitlich eingespannt ist.

Und sie bat ihre Tochter, ihr ein wenig Arbeit abzunehmen, indem sie sich selbst um ihr eigenes Zimmer kümmert. Natürlich ging das am Anfang schief. Meine Freundin hatte in ihrer Kindheit gelernt, dass immer am Samstag sauber gemacht wird, damit man dann sonntags Zeit für andere Dinge hat.

So war das eben und so etwas prägt sich natürlich ein, wenn man es so vorgelebt bekommt und es seit Jahren so ist. Nun hatte aber die Tochter meiner Freundin samstags andere Pläne. Sie wollte sich mit Freundinnen treffen zum Eis essen oder war einfach nur froh über den ersten freien Tag nach einer stressigen Schulwoche. Deshalb war das Aufräumen ihres Zimmers sehr weit hinten auf der Liste der Prioritäten. Zunächst hat es die Mama frustriert, weil die gemeinsam abgesprochene Regel nicht eingehalten wurde. Dadurch war dann auch die Tochter sauer, weil für sie andere Dinge wichtiger waren und die Mama das nicht verstand. Das führte zu einem zweiten Gespräch der beiden. Die Tochter erklärte ihrer Mama, dass es gar nicht darum ging, dass sie nicht aufräumen wollte, sondern nur um den Wochentag. Also haben die beiden die Regel geändert. Das Kind war weiterhin für ihr Zimmer verantwortlich, konnte die Aufgaben aber im Laufe der Woche erledigen, sodass am Sonntagabend vor dem Schlafengehen alles in Ordnung war.

Für meine Freundin war das anfangs hart. Es war nicht leicht, wenn das Zimmer am Mittwoch unordentlich aussah, sich zurückzuhalten. Sie musste sich auch mehrfach selbst bremsen, um nicht selbst das Chaos zu beseitigen, weil es sie unheimlich gestört hat. Dieser Lernprozess war nicht leicht, aber sie hat es geschafft. Normalerweise war das Zimmer am Sonntag wieder in Ordnung. Nach einiger Zeit hatte sich das Ganze auch eingespielt und beide gingen sehr viel entspannter damit um. Natürlich hat meine Freundin ihrer Tochter Hilfe angeboten, wenn sie einmal gebraucht wurde.

Eine weitere Geschichte ist der Schwimmverein, in den die Tochter meiner Freundin gehen wollte. Eine Freundin hatte sie einmal mit zum Schwimmen genommen und es machte ihr Spaß. Nun war die Frage, ob der Spaß groß genug war, um in den Verein einzutreten. Das hieß nicht nur mehr Ausgaben, sondern auch weniger Zeit für andere Dinge. Also hat sich die Mama erst einmal alle Unterlagen und Infos beschafft und dann haben sich die beiden zusammengesetzt.

Die Fakten waren, dass Mittwoch und Freitagnachmittag Training war. Dann gab es in den Sommer- und Winterferien ein Trainingscamp für eine Woche und dazwischen an den Wochenenden fanden oft Wettkämpfe statt, an denen die Kinder doch möglichst teilzunehmen hatten. Das alles und auch den finanziellen Aspekt hat meine Freundin ihrer Tochter erklärt. Der Vertrag wurde immer für ein halbes Jahr geschlossen. Also konnte die Tochter meiner Freundin entscheiden, ob sie das so möchte oder nicht. Die Bedingung war, dass sie dann aber ein halbes Jahr durchhalten muss. Die Tochter war einverstanden und los ging es. Nach einem halben Jahr saßen die beiden wieder zusammen und sprachen darüber, wie es weitergehen soll. Das erste halbe Jahr verlief relativ problemlos.

Natürlich war es manchmal stressig, wenn das Kind am Samstag früh um 5 Uhr am Treffpunkt abgesetzt werden musste, um gemeinsam mit den anderen zum Wettkampf zu fahren. Nach dem halben Jahr hatten beide ihre Erfahrungen gemacht und die Entscheidung der Tochter war, sie will weitermachen. Natürlich gab es auch Kompromisse. Wenn die Tochter an einem Wettkampfwochenende zum Geburtstag ihrer besten Freundin wollte, dann fiel der Wettkampf eben einmal aus. Es mussten aber immer triftige Gründe vorliegen und dann haben die beiden das gemeinsam besprochen. Unabhängig davon stand die Schule immer an erster Stelle. Wenn also am Montag eine Klausur geschrieben wurde, dann war klar, dass sie nicht das ganze Wochenende zu Wettkämpfen kann. Die Schule durfte nicht unter den Trainingszeiten und Wettkämpfen leiden. Die Tochter meiner Freundin ging viele Jahre zum Schwimmen. In der neunten Klasse merkte sie selbst, dass es besser wäre, mittwochs nicht mehr zum Training zu gehen.

Also suchte sie das Gespräch mit der Mama und erklärte ihr, dass es zeitlich einfach schwierig war, wenn sie am Mittwochabend 20 Uhr nach Hause kam, sich noch auf den kommenden Schultag vorzubereiten. Zum anderen war sie aber auch so ehrlich und erklärte der Mama, dass ihr das Schwimmen durchaus noch Spaß macht, aber der Druck, zu den Wettkämpfen zu müssen, nervte sie. Zunehmend wurden auch die Freunde interessanter, für die sie doch recht wenig Zeit hatte. Also sprach meine Freundin mit der Trainerin und gab ihr die Info, dass ihre Tochter nur noch freitags zum Training kommen wird und auch nicht mehr an jedem Wettkampf teilnimmt. Die Trainerin war natürlich nicht begeistert, aber sie hatte auch keine Chance. Die Tochter war zu einer wirklich guten Schwimmerin geworden und so jemanden wollte der Verein nicht ziehen lassen. Ich glaube, mich zu erinnern, dass diese Konstellation noch ungefähr ein Jahr ging, dann trat sie aus dem Verein aus.

Es wurde also gemeinsam die Basis besprochen und es wurden auch gemeinsam die Konsequenzen erörtert. Konsequenzen sind nicht immer Strafen (davon halte ich persönlich ohnehin nicht viel). Konsequenzen bedeuteten in diesem Fall, die Tochter musste durchhalten, solange der Vertrag lief, und sich an die Gegebenheiten des Vereins halten (zweimal die Woche Training, Trainingscamp und Wettkämpfe). Natürlich war auch meine Freundin zeitlich mit eingespannt. Sie holte ja ihr Kind vom Training ab und brachte sie auch zu den Treffpunkten für die Wettkämpfe.

Geborgenheit

Liebe und Geborgenheit sind unheimlich wichtig für die Entwicklung unserer Kinder. Manchmal ist es für uns Eltern nicht selbstverständlich,

Liebe zu zeigen oder Nähe zuzulassen, weil wir es selbst vielleicht so nicht erlebt haben. Das heißt aber nicht, dass wir das nicht lernen können. Bei den ganz kleinen Kindern ist es der Körperkontakt, der unserem Würmchen zeigt, dass wir da sind.

Gefolgt natürlich von den grundsätzlichen Bedürfnissen, die gestillt werden müssen, wie Hunger oder Durst. Wenn es unserem Kind an etwas mangelt, dann entstehen negative Erfahrungen. Hat es alles, was es braucht, dann ist seine Welt in Ordnung. Je älter das Kind wird, umso wichtiger wird der Respekt dem Kind gegenüber. Es entwickelt irgendwann einen eigenen Willen und wird eigene Entscheidungen treffen. Wir als Eltern müssen nicht alles erlauben und sämtliche Wünsche erfüllen. Es ist aber wichtig, dem Kind zu signalisieren, „ich verstehe dich, ich weiß, was du meinst". Spätestens im Schulalter müssen wir unser Kind unterstützen. Es braucht unseren Rückhalt, wenn es Fehler macht oder einmal Ablehnung erfährt. Hier ist es ganz wichtig, dass unser Kind weiß, dass es zuhause immer offene Arme und ein offenes Ohr findet. Und ganz egal, wie alt Ihr Kind ist, wenn es kuscheln will, dann wird gekuschelt. Wenn Ihr Kind das Bedürfnis zum Kuscheln hat, dann sollte es das auch ausleben können. Kuscheln beruhigt kleine und große Kinder. Wir selbst kennen das ja auch noch als Erwachsene. Geht es uns einmal nicht so gut und uns nimmt ein lieber Freund in den Arm, dann tut das einfach nur gut.

Auch hier ein Beispiel von meiner besten Freundin. Ihre Tochter kam auf ein bilinguales Gymnasium und davon gab es nicht viele zu dem Zeitpunkt. Tatsächlich gab es in ihrer Stadt nur ein einziges. Nun waren auf diesem Gymnasium viele Kinder von reichen Eltern. Dementsprechend kam ab der siebten Klasse langsam ein Markenbewusstsein hoch, wahrscheinlich auch gefördert von den Eltern. Die Tochter meiner Freundin trug keine Markensachen. Meine Freundin vertritt die Meinung, dass Kinder auch aus Markenklamotten schnell herauswachsen und dementsprechend ist die Kosten-Nutzen-Rechnung nicht ausgeglichen. Im zweiten

Halbjahr der Klasse sieben bekam die Tochter dann deshalb Probleme. Sie wurde angefeindet, gehänselt und bemitleidet, weil ihre Mutter scheinbar kein Geld für Markensachen hat. Zum Glück hat sie mit ihrer Mama darüber gesprochen und sich nicht irgendwohin zurückgezogen und still gelitten. Die beiden haben sich viel darüber unterhalten und ab und zu hat die Mama ihre Tochter an einem Freitag oder Montag aus der Schule genommen, damit sie dem Druck einmal einen Tag entfliehen konnte.

Es gab Gespräche mit dem Lehrer und dem Vertrauenslehrer und auch mit dem Direktor der Schule. Aber sie alle konnten oder wollten das Problem nicht sehen. Gegen Ende der siebten Klasse wollte die Tochter dann die Schule wechseln und hatte sich auch schon über verschiedene Gymnasien informiert. Eigentlich wollte meine Freundin das nicht hören, schließlich ist der Abschluss von einem bilingualen Gymnasium ein prima Start für alles, was ihr Kind danach machen wollte, und die Leistungen sprachen dafür, dass ihre Tochter nicht überfordert war. Andererseits sah sie ihr Kind leiden. Ihre Tochter hatte sich ein ganz spezielles Gymnasium ausgesucht und so machte meine Freundin dort einen Termin aus und ging mit ihrer Tochter hin. Eine Stunde lang informierten die beiden sich über das neue Gymnasium und einen möglichen Schulwechsel. Denn der ist ja mit einigen behördlichen und verwaltungstechnischen Schritten verbunden. Nach diesem Termin war sich ihr Kind nicht mehr so ganz sicher, ob die Schule die richtige ist. Also haben die beiden vereinbart, die Sommerferien abzuwarten und zu schauen, wie es danach auf dem aktuellen Gymnasium weitergeht.

Wie sich herausstellte, war das eine sehr gute Entscheidung, denn mit Beginn der achten Klasse hörte das Mobbing auf. Wir können bis heute nicht sagen, warum das auf einmal so war, ob sich die anderen Kinder verändert hatten oder ob die Tochter meiner Freundin ein dickeres Fell hatte – keine Ahnung. Sie ist bis zum Abschluss an dem Gymnasium geblieben und es gab in dieser Richtung nie wieder Probleme.

Während dieser Zeit konnte sich das Kind immer an ihre Mama wenden. Sie wurde getröstet und ernst genommen und sie sah, dass ihre Mama mit ihr gemeinsam die Probleme anging. Sie war nie allein mit einem Problem.

Vorbildfunktion

Ich selbst reflektiere mich sehr häufig. Ich hinterfrage, wie ich mit anderen Menschen umgehe und wie sie mit mir umgehen. Ich schreie niemanden an, weil das, was ich sagen möchte, auch keinen anderen Inhalt bekommt, wenn ich lauter werde. Ich beleidige auch keine Menschen bewusst, weil ich selbst schon erfahren habe, wie man sich dann fühlt. Und handgreiflich werde ich schon gar nicht. Nun bin ich aber auch eine Frau und habe nie einen Kurs in Selbstverteidigung gemacht. Deshalb sagt mir meine Logik, dass ich den Kürzeren ziehen würde und das muss nicht sein. Davon abgesehen bin ich zum Glück auch nicht mit Gewalt aufgewachsen. Mir geht es nicht darum, dass sich Jungs einmal untereinander prügeln. Eine kleine Auseinandersetzung gehört für die Entwicklung genauso dazu wie Fußballspielen. Aber es muss im Rahmen bleiben. Ich rede davon, dass eine Ohrfeige keine Erziehungsmethode ist, egal, was mein Kind macht. Denn egal, wie gut mein Kind erzogen ist, irgendwann wird es einmal frech. Auch das ist völlig normal und gehört zum Grenzen austesten dazu.

Meine Freundin hat dieses Beispiel einmal umgedreht. Es gab bei den beiden eine zeitliche Absprache, wann sie am Abend zuhause sein sollten. Diese Regel war fest. Ein Kompromiss war, dass jeder bei einer Verspätung Bescheid sagen muss. Auch ein Kind kann einmal den Bus verpassen oder sich mit der besten Freundin verquatschen. Dann muss aber die Mama informiert werden, damit sie sich keine Sorgen macht. Das funktionierte prima, bis die Tochter in die Pubertät kam. Manchmal kam das Kind nicht nach Hause und einen Anruf gab es gar nicht oder zu spät. Oder sie meldete sich telefonisch und sagte, sie verspätet sich etwas, um dann nach zwei Stunden nach Hause zu kommen. Alles Reden hat nichts gebracht und so drehte die Mama den Spieß einfach einmal um. Die Regeln galten ja für beide.

Am Wochenende sollten beide um 22 Uhr zuhause sein. Meine Freundin wusste, dass ihre Tochter zuhause sein würde, sie hatte an dem Abend nichts vor. Kurz vor 22 Uhr rief sie ihre Tochter an und sagte ihr, dass sie sich leicht verspäten würde. Meine Freundin erzählte mir später, wie schwer es ihr gefallen war, ihr Kind zuhause im Ungewissen zu lassen, und wie oft sie zur Uhr geschaut hat, um endlich nach Hause zu können. Kurz vor 23 Uhr kam sie zuhause an. Ihre Tochter war außer sich, sie tobte und machte ihr Vorwürfe, schließlich hat sie sich Sorgen gemacht, es hätte ja was passiert sein können.

Seit diesem Tag war das rechtzeitige Bescheid sagen kein Thema mehr. Unsere Kinder durchleben verschiedene Entwicklungsphasen, eine davon ist die Wutphase. Ich kenne ehrlich gesagt kein Elternteil, das diese Phase nicht erlebt hat. Mein eigenes Kind hatte eine ziemlich ausgeprägte Wutphase, die uns eine ganze Weile einmal mehr und einmal weniger beschäftigt hat. Mein Kind ging auf mich los, mit Händen und Füßen und allem, was sie gerade zu fassen bekam. Sie schrie und tobte und war nicht zu bändigen. Ja, ich gebe zu, anfangs war ich überfordert. So kannte ich mein Kind nicht und das irritierte mich total. In diesen Momenten war ich zwischen Trösten und Schimpfen hin und her gerissen. Ich kam überhaupt nicht mehr an mein Kind heran. Und irgendwann wurde mir klar, dass mein Kind mich gar nicht persönlich meint. Natürlich bekam ich ihre Wut ab, aber sie war nicht gegen mich gerichtet. Danach fiel mir ein, dass ich als Kind auch so eine Phase hatte. Ich habe meine Mama auch auf jede erdenkliche Weise attackiert. Meine Mama hat mich dann in mein Zimmer gezerrt und die Tür zugeschlossen.

Ich weiß genau, wie ich mich damals gefühlt habe. Ich wurde noch wütender und gleichzeitig war ich verzweifelt und allein. Ich wusste ja selbst nicht, warum ich mich so verhielt. Als mir das alles klar wurde und die nächste Attacke meiner Tochter kam, nahm ich sie einfach in den Arm und ließ sie erst wieder los, als sie sich beruhigt hat. Anfangs hat sie sich natürlich dagegen gewehrt, schließlich war sie wütend. Aber ich habe nicht losgelassen und immer wieder beruhigend auf sie eingesprochen. Am Ende lag sie in meinen Armen und weinte, dann entschuldigte sie sich bei mir und sagte, sie weiß ja selbst nicht, warum sie manchmal so austickt. Die Wutanfälle gehörten bald der Vergangenheit an, zum einen, weil diese Phase ohnehin irgendwann aufhört, zum anderen hatten wir eine Variante gefunden, damit umzugehen, die beiden gut tat.

Freiräume schaffen

Dieses Thema betrifft nicht nur unsere Kinder, sondern erst einmal uns als Eltern. Wir leben im digitalen Zeitalter, alles geht sehr schnell, wir sind überall vernetzt und fast immer erreichbar. Bevor wir unserem Kind also erklären können, warum Freiräume wichtig sind, sollten wir uns selbst einmal fragen, wie viele Freiräume wir selbst haben. Denn wie weiter oben erwähnt, haben wir eine Vorbildfunktion. Wie soll ein Kind verstehen, dass es sich einmal Zeit für sich nehmen soll, wenn die Eltern von einem Termin zum anderen hetzen?

Wie ich weiter oben schon beschrieben habe, ging die Tochter meiner Freundin jahrelang in einen Schwimmverein. Auf dem Gymnasium gab es nach dem Unterricht auch noch Angebote, die sie interessiert haben, und so war sie insgesamt an drei Tagen nach der Schule noch im sportlichen Bereich aktiv. Dann gab es die Wochenenden, an denen noch Wettkämpfe stattfanden, und damit war sie schon sehr gut ausgelastet. An dieser Stelle gab die Mama also ein Stoppschild vor. Wenn sie noch weitere Hobbys ausüben wollte, musste sie etwas anderes dafür aufgeben. Langfristig gedacht war das auch richtig so. Denn auch die Unterrichtszeiten und -

anforderungen steigen mit der Zeit und benötigen mehr Aufmerksamkeit. Und auch zuhause haben die Kinder noch ein paar Aufgaben, die Zeit in Anspruch nehmen.

Ich selbst finde es sehr wichtig, dass Kinder lernen, sich auch einmal mit sich selbst zu beschäftigen. Eltern sind nicht die Animateure der Kinder. Ich habe meiner Tochter immer Möglichkeiten aufgezeigt, womit sie sich für eine halbe Stunde beschäftigen kann. Ich war natürlich immer in der Nähe, habe aber in der Zwischenzeit Hausarbeiten erledigt. Ich war also in Rufnähe und mein Kind hat mich immer gehört. Sie wusste, wo ich bin. Deshalb hatte mein Kind damit auch nie ein Problem. Sie wusste ja auch, dass ich sie nicht stundenlang allein lasse. Ich habe ihr in jedem Alter erklärt, dass ich schnell abwasche, die Küche in Ordnung bringe und dann wieder bei ihr bin. So hat sie immer die Möglichkeit, zu entscheiden, was sie in der nächsten Zeit machen möchte und wie lange.

Wir brauchen alle kleine Auszeiten im Alltag, um herunter zu kommen. Wie soll unser Gehirn denn sonst die ganzen Eindrücke verarbeiten? Und eine Auszeit kann man selbst gestalten, wie man möchte. Sie können in einem Buch lesen oder einfach einmal ein wenig die Augen schließen. Ich erinnere mich noch an einen Spruch meiner Eltern: „Müßiggang ist aller Laster Anfang". Das mag früher so gewesen sein, aber da waren die Möglichkeiten auch noch nicht so vielseitig. Lassen Sie sich bitte von niemandem hineinreden, wenn sie selbst am Wochenende einmal einen kleinen Mittagsschlaf machen wollen. Das ist völlig ok, egal, ob Kind oder Erwachsener. Wenn es Ihnen guttut, dann machen Sie es. Und nochmal: Wir sind die Vorbilder für unsere Kinder. Sie müssen später allein in der immer schneller werdenden Welt klarkommen und dann ist es gut, wenn sie an dieser Stelle ein gutes Rüstzeug bekommen, wie sie sich später selbst helfen können. Fördern, nicht überfordern.

Natürlich werden unsere Kinder sowohl im Kindergarten als auch in der Schule altersgerecht gefördert. Für die Größeren gibt es dann auch

Arbeitsgemeinschaften oder Vereine, wo jeder etwas findet. Da gibt es Musikkurse, Sportangebote oder Computerkurse. Oft sind diese Kurse in den Schulen zeitlich begrenzt und nur einmal pro Woche. Es ist möglich, dass sich das ändert, wenn der Lehrermangel anhält. Ich bin mir aber sicher, dann gibt es andere Möglichkeiten.

Eine weitere tolle Variante sind die Ferienspiele. In vielen Städten gibt es in den Sommer- und Winterferien einen Ferienpass mit ganz verschiedenen Angeboten. Meine Freundin hat diesen Pass für ihre Tochter genutzt, bis sie etwa 16 Jahre alt war. Bis dahin konnte sie alles Mögliche ausprobieren. Die beiden haben sich im Vorfeld immer zusammengesetzt und die Varianten wirklich durchgeplant. Die Tochter meiner Freundin ist an allem interessiert und offen für ganz vieles. Als sie lesen konnte, hat sie den Ferienpass durchgeschaut und alles angekreuzt, was sie gern machen möchte. Ich habe mich immer darüber lustig gemacht, wenn die Mama dann alles in eine Excel-Tabelle eingetragen hat. Am Ende hatten die beiden dann aber einen guten Überblick, an welchem Tag verschiedene Termine kollidierten und wann es einfach auch zu viel war. Dann suchten sie entweder einen Ausweichtermin oder die Tochter musste sich für eine Sache entscheiden. Mit der Zeit hat sie so ein eigenes Video mit animierten Figuren erstellt. Der Kurs ging zwei Wochen, jeden Nachmittag 2 Stunden.

Die Kinder waren in einer Gruppe zusammen und mussten sich ein Thema überlegen, die Figuren basteln, die einzelnen Sequenzen filmen und am Ende alles schneiden und vertonen. Der Film wurde einem Publikum vorgestellt und am Ende sogar premiert. Die Tochter hat aber auch mit Keramik gearbeitet, Glasblasen geübt und noch ganz viele andere Dinge kennengelernt. Wer die Möglichkeit hat, den Ferienpass zu nutzen, dem kann ich nur raten, das zu tun. Hier ergeben sich Möglichkeiten für unsere Kinder, die wir ihnen selbst nicht bieten können. Sie lernen ganz viele spannende Dinge kennen und haben so natürlich die Möglichkeit, für sich herauszufinden, was ihnen gefällt und was nicht.

Grundsätzlich finde ich die Möglichkeit, in den Ferien Dinge auszuprobieren, großartig. Im Alltag haben auch unsere Kleinsten schon recht viel um die Ohren und sind nicht mehr immer aufnahmefähig für neue Dinge. Es gibt auch Kinder, die gar nicht wissen, was sie eigentlich wollen. Deshalb sind Ferien- und Urlaubszeiten für neue und alte Freizeitaktivitäten gut geeignet.

Aber bitte liebe Eltern, überfordern Sie Ihr Kind nicht. Es muss sich alles im Rahmen halten. Bei den Erwachsenen heißt das heute „Work-Life-Balance" und das gilt auch für unsere Kinder. Hat Ihr Kind ein Hobby für sich entdeckt, dann sollte es auch erst einmal dabei bleiben und es in seinen Alltag integrieren. Sollte Ihr Sohn also neu in den Fußballverein eingetreten sein, dann braucht er erst einmal keinen Gitarrenkurs oder eine Einführung in künstlerische Gestaltung. Lassen Sie ihn erst einmal das neue Gefühl genießen und festigen.

Kommunikation

Ich möchte Ihnen jetzt nicht mit Kommunikationsmodellen oder Sender-Empfänger-Prinzipien kommen. Theoretisch wissen wir sicher alle, wie Kommunikation funktionieren sollte, und praktisch haben wir alle schon einmal erlebt, wie es schief gehen kann.

Ich finde es sehr wichtig, zu kommunizieren, nicht nur mit meinem Kind. So kann ich meinem Kind klar machen, warum ich so handle, wie ich es tue, oder warum ich so denke. Und auch mein Kind kann mir so mitteilen, was in ihm vorgeht. Gerade zuhause muss man in der Kommunikation bleiben. Nur dann hat man ja eine Chance, den anderen zu verstehen und miteinander zu leben. Wenn sich jemand zurückzieht und ich nicht mehr an ihn herankomme, dann kann ich auch kaum noch etwas tun. Ohne Kommunikation funktioniert es einfach nicht.

Bei meinem Kind bin ich schon sehr früh zum Erklärbär geworden. Meine Tochter ist unheimlich neugierig und fragt ganz viel. Während der

Entwicklung gibt es auch verschiedene Fragephasen, in denen uns unsere Kinder gern ein Loch in den Bauch fragen. Das kann ganz schön anstrengend sein. Die Warum-Phase hat mich doch tatsächlich ab und zu genervt.

Frage: "Warum hat der Mann den Müll nicht in den Papierkorb geworfen?"
Antwort: "Vielleicht hat er ihn nicht gesehen?"
Frage: "Warum hat er ihn nicht gesehen?"
Antwort: "Er hat bestimmt nicht darauf geachtet."
Frage: "Aber warum hat er nicht darauf geachtet? Man wirft den Müll nicht auf die Straße."
Antwort: "Da hast du recht. Ich weiß nicht, warum er nicht darauf geachtet hat."
Frage: "Warum weißt du das nicht?"
Antwort: "Ich kenne den Mann nicht, deshalb weiß ich nicht, was er denkt."
Frage: "Warum kennst du ihn nicht?"
...

Sie verstehen, was ich meine. Wir sind damals im Park spazieren gewesen und das war kein Einzelfall. Richtig nerven kann es dann, wenn wir als Erwachsene keine Zeit haben, mit den Gedanken gerade woanders sind und mit unserem Kind schnell noch in den Supermarkt gehen. Dann gehen wir im Kopf vielleicht die Abendplanung durch und lassen den Arbeitstag Revue passieren und unser Kind will jetzt unbedingt mit uns im Supermarkt diskutieren. Diese Zeit müssen wir durchstehen. Es ist ganz wichtig, dass unser Kind weiß, dass es mit jeder Frage zu uns kommen kann und dass es auch eine Antwort bekommt. Wenn ich einmal wirklich keine Zeit habe, weil ich mitten in einer anderen Aufgabe stecke und mich konzentrieren muss, dann sage ich meinem Kind, dass ich mich erst einmal noch kurz mit meinem Problem beschäftigen muss, aber in einer viertel Stunde auf seine Frage zurückkomme und wir dann darüber reden. Für mein Kind ist das ok, weil es weiß, dass ich das dann auch wirklich mache.

Im Übrigen frage ich auch meine Tochter, warum sie etwas tut. Zum einen fühlt sie sich dann auch ernst genommen und zum anderen frage ich mich ja tatsächlich manchmal, was gerade in ihrem Kopf vorgeht. Statt ihr Verhalten direkt zu verurteilen, weil ich es nicht verstehe, frage ich doch lieber erst einmal nach. Oft entspannt sich so die Lage.

Liebe

Nun habe ich die ganze Zeit von der Tochter meiner Freundin berichtet und wenn ich mir das so durchlese, dann könnte man auf die Idee kommen, dass sie eine Tochter hat, mit der wohl jeder klar kommt, weil sie kaum Schwierigkeiten macht. Dem ist nicht ganz so. Sie wurde zum Beispiel zweimal erwischt, als sie etwas im Geschäft hat mitgehen lassen.

Beim ersten Mal war sie noch in der Grundschule und hier war es eine CD. Meine Freundin wurde auf der Arbeit angerufen und sie sollte ihr Kind im Geschäft abholen. Sehr peinlich und keine schöne Situation. Natürlich kam auch noch eine finanzielle Strafe dazu. Neben den Ausreden, die sie sich für ihren Chef und die Kollegen einfallen lassen musste, bekam sie dann auch noch vom Ladeninhaber zu hören, was sie für eine verzogene Göre hätte und was sie in der Erziehung alles falsch gemacht hat. Das sind jetzt nicht die besten Bedingungen, seinem Kind mit Liebe entgegenzutreten. Und trotzdem hat sie es hinbekommen. Sie war nie jemand, der ausgeflippt ist oder rumgebrüllt hat. Also hat sie sich ruhig mit ihrer Tochter hingesetzt und nach dem Grund gefragt. Natürlich war dem Kind klar, dass es absolut nicht korrekt ist, etwas zu klauen.

Der Hintergrund war eine Klassenkameradin. Sie musste mit ihren Eltern zusammen in eine andere Stadt umziehen und ohne ein Abschiedsgeschenk wollte sie sie nicht gehen lassen. Diese CD wollte die Klassenkameradin schon sehr lange haben und die Tochter meiner Freundin wollte ihr einfach noch eine Freude machen. Nur hatte keine der beiden Mädchen genug Geld, um die CD zu kaufen, und so kam das Kind auf die

Idee, sie einfach mitzunehmen. Es war ein recht langes Gespräch und natürlich war der Tochter meiner Freundin klar, dass es so nicht geht. Am Ende dieses Gesprächs haben sich die beiden umarmt und die Mama hat ihrem Kind gesagt, dass sie es trotzdem lieb hat und versteht, warum das passiert ist.

Bei der zweiten Aktion dieser Art war die Tochter schon etwas älter und auf dem Gymnasium. Wieder saß die Mama auf der Arbeit, nur kam diesmal der Anruf von ihrer Schwester. Ihre Tochter war bei ihr. Das war bis dahin noch nie vorgekommen und deshalb war meine Freundin direkt in Alarmbereitschaft versetzt. Ihre Schwester erzählte ihr dann, dass die Tochter im Elektronikmarkt Kopfhörer gestohlen hat und natürlich erwischt wurde. Natürlich musste nun jemand informiert werden und sie schämte sich so sehr, dass sie lieber erst einmal die Schwester der Mama informierte. Sie musste der Tochter aber versprechen, der Mama nichts zu verraten. Das versprach sie, allerdings unter der Voraussetzung, dass das Kind der Mama alles beichtet. Und so holte die Mama ihr Kind bei ihrer Schwester ab und bekam erst einmal eine Story aufgetischt, warum das Kind bei der Schwester war. Meine Freundin sagte dazu nichts weiter und fragte auch nicht nach. Als die beiden dann beim Abendbrot saßen, fing die Tochter von allein an, zu erzählen. Sie hatte sich Kopfhörer von einem Freund geliehen und die sind kaputt gegangen. Also wollte sie los und neue kaufen, stellte aber fest, dass die furchtbar teuer sind und sie sich das nicht leisten kann. Sie hat sich aber auch nicht getraut, ihrem Freund die Wahrheit zu sagen. Also blieb in ihren Augen nur die eine Möglichkeit. Die beiden haben sich an diesem Abend sehr lange unterhalten. Natürlich war dem Kind von vornherein klar, dass Klauen falsch ist. Und dass sie danach auch noch gelogen hat und eine wilde Story erzählt hat, warum sie bei ihrer Tante war, machte es nicht besser. Diesmal ging das Ganze allerdings nicht so glimpflich aus wie beim ersten Mal. Die Kopfhörer waren wirklich teuer und zudem gab es auch noch eine Anzeige wegen Diebstahls. Die beiden mussten dann also einige Tage später zur Polizei.

Und, anders als beim ersten Mal, gab es diesmal auch Konsequenzen zuhause. Die Tochter wollte einige Wochen später mit einer Freundin und deren Eltern ein paar Tage in den Urlaub fahren. Dieser Urlaub wurde gestrichen – und über diese Entscheidung wurde auch nicht diskutiert. Natürlich führte das nicht zu Verständnis bei der Tochter meiner Freundin und dann gab es auch noch Anrufe von den Eltern der Freundin, die auch versuchten, die Mama umzustimmen. Aber die Entscheidung stand, meine Freundin blieb konsequent. Und trotzdem haben sich Mama und Tochter gesagt, dass sie sich lieb haben, auch wenn sie jetzt gerade sauer sind. In dem Alter wusste die Tochter schon, dass man jemanden lieb haben kann, auch wenn man gerade böse auf ihn ist.

Wichtig ist, egal, was Ihr Kind macht, es muss immer wissen, dass Sie es lieben. Das ist wie ein innerer Schutzschild und stärkt quasi das emotionale Immunsystem. Und es ist ja nicht einmal gelogen, denn schlussendlich lieben wir unser Kind immer, egal, was es anstellt.

AUSNAHMEFALL PUBERTÄT

Auch wenn Sie ganz viele Dinge im Laufe der Entwicklung Ihres Kindes beachten und Sie ein ausgeglichenes und neugieriges Kind zuhause haben, kann das in der Pubertät umschlagen. Wenn Eltern auf einmal peinlich werden, sich plötzliche Stimmungsumschwünge häufen und mit Türen geknallt wird, dann kommt eine weitere Herausforderung auf die Eltern zu. Eigentlich kennen wir diesen Zustand alle aus unserer eigenen Vergangenheit und trotzdem kollidieren an dieser Stelle unsere Welten. Wir selbst können uns oft kaum an unsere eigene Zeit in der Pubertät erinnern und jetzt müssen wir mit unserem Kind zusammen noch einmal da durch.

Die Umstellung vom Kind zum jungen Erwachsenen ist für alle Seiten nicht einfach. Gestern noch das Kind, das einen bedingungslos lieb hatte, und heute auf einmal der kleine Rebell. In dieser Zeit können Sie machen, was Sie wollen, es wird normalerweise immer als doof und peinlich empfunden. An dieser Stelle ist es auch egal, ob Sie eine Tochter oder einen Sohn haben. Früher oder später flippen sie eigentlich alle einmal aus. Als würde uns die Natur den Abschied von unseren „Kleinen" erleichtern wollen, indem sie sie zu kleinen Monstern macht.

Die Pubertät ist nicht zu vermeiden und notwendig, um aus Ihrem Kind einen Erwachsenen werden zu lassen. Jeder Mensch muss seinen eigenen Weg finden und seinen Platz in der Welt, auch Ihr Kind. Sie werden Phasen erleben, die Sie nur schwer aushalten können, und Reaktionen ausgesetzt werden, die Sie an Ihre Grenzen bringen könnten. Aber genau das ist nötig, damit Ihr Kind sich abspalten kann, unabhängiger wird und sich später ein eigenständiges Leben aufbauen kann. Die Prozesse während der Pubertät sind sehr hormongesteuert und komplex. Ihr Kind durchläuft physische, psychische und seelische Veränderungen.

In diesen Jahren sind alle Betroffenen in einem Ausnahmezustand. Die Reaktionen unserer Kinder sind nicht immer nachvollziehbar. Sie agieren oft kopflos, weil die Moral auch noch nicht die ist, die sie einmal werden will. Sie fühlen sich nackt und erkennen auf einmal, dass die Welt nicht nur schön sein kann. Auf einmal gibt es Lügen und Bosheit, es gibt Verlockungen und Verbote. Mit all dem und noch vielem mehr müssen sie erst einmal klarkommen.

Das Allerwichtigste in dieser Zeit ist Vertrauen. Das Vertrauen in sich selbst, dass Sie diese Zeit gemeinsam überstehen werden, und das Vertrauen in Ihr Kind, dass es die richtigen Entscheidungen treffen wird. Zeigen Sie Ihrem Kind, dass Sie immer da sein werden und das Vertrauen haben, dass alles gut werden wird, auch wenn Sie einmal die Kontrolle verlieren. Vertrauen wird zum Schutzengel Ihres Kindes. Es muss lernen, sich selbst zu vertrauen, seiner Kraft und seinen Fähigkeiten. Es braucht ein Gegenüber, mit dem es sich auseinandersetzen kann, jemanden, der standhaft bleibt.

Sie werden zur Projektionsfläche für alles, wovon sich Ihr Kind trennen muss, um sich selbst finden zu können. Deshalb ist es wichtig, dass Sie Ihre Meinung vertreten und klar Haltung zeigen, Ihre Ansichten offensiv vertreten, Stellung beziehen und Grenzen setzen. Genauso müssen Sie aber auch Interesse zeigen, zuhören und, wenn Sie dürfen, Ihr Kind in den Arm nehmen. Was Kinder in dem Alter brauchen, sind starke Erwachsene und keine Weicheier. Unsicher sind die Kinder schon selbst genug. Sie als Elternteil werden zu einem authentischen Beispiel, weil Sie standhalten und Halt geben. Teenager wollen Verantwortung übernehmen und ernst genommen werden. Sie brauchen jetzt richtige Aufgaben, nicht bloß Übungen, die pädagogisch aufbereitet sind. Sie wollen sich beweisen können und sich auch einmal die Finger verbrennen.

Ich werde jetzt nicht komplett auf die Pubertät eingehen, dafür gibt es noch einmal gesonderte Literatur, weil es ja doch ein großes Feld ist. Ich nehme mir nur ein paar ganz spezielle Probleme während dieser Zeit vor.

Drogenkonsum

In der Pubertät sind unsere Kinder anfällig für jegliche Versuchungen. Leider sind Drogen in dieser Zeit aber auch besonders schädlich. Untersuchungen haben ergeben, dass der Konsum von solchen Substanzen zu späteren psychischen Erkrankungen führen kann.

Die Kinder wollen sich unbedingt von ihren Eltern abgrenzen, dennoch zu anderen Gruppen gehören und ihr Gehirn belohnt sie aktuell recht häufig für kleine Siege. Das alles kann dazu führen, dass sie auf Partys gehen, auf denen auch Drogen und Alkohol kursieren, und in der

Gruppe wollen sie nicht die einzige Person sein, die sich nicht traut, das Zeug zu nehmen. Ihre Freunde erklären ihnen, dass es kontrollierbar und ungefährlich ist, und dann ist da ja auch noch der Reiz des Verbotenen. Sie geraten also in Versuchung und machen dann vielleicht auch noch die Erfahrung, dass ihre Probleme auf einmal weit weg sind und sie sich locker und gut fühlen.

Es gibt heute in Schulen schon Präventionsveranstaltungen und auch viele Beratungsstellen, die vorbeugende Gespräche und Informationen anbieten. Sollten Sie merken, dass Ihr Kind in dieser Richtung aktiv wird, zögern Sie nicht, die Hilfe dieser Stellen anzunehmen.

Alkohol

Die Bundeszentrale für gesundheitliche Aufklärung (BZgA) bringt jedes Jahr eine Studie zum Thema "Der Alkoholkonsum Jugendlicher und junger Erwachsener in Deutschland" heraus. Die Letzte erschien im März 2019 und ergab, dass wir den niedrigsten Stand seit vielen Jahren verzeichnen. Im Jahr 2018 gaben 8,7 % der Jugendlichen zwischen 12 und 17 Jahren an, regelmäßig (mindestens 1x pro Woche) Alkohol zu trinken. Im Vergleich zu 2004 ist da ein sehr deutlicher Rückgang zu erkennen, denn damals lag der Wert noch bei 21,2 %.

Bei der nächsthöheren Altersgruppe (18 - 25 Jahre) ist der Alkoholkonsum auch zurückgegangen, allerdings nicht so signifikant. Haben 2004 noch 43,6 % der Befragten regelmäßig Alkohol konsumiert, sind es 2018 nur noch 33,4 %.

Auch das Komasaufen ist nur noch bei 13,6 % der Jugendlichen ein Thema (2004 waren es 22,6 %), bei den Älteren sind es 37,8 %. Damit schwanken in diesem Bereich die Entwicklungen. Waren es 2004 noch 43,5 % der Befragten, ging zehn Jahre später die Angabe auf 32,8 % zurück.

Die Bundesregierung legt weiter Wert darauf, dass die Präventivmaßnahmen beibehalten werden. Ziel ist es, den Jugendlichen im Vorfeld schon einen bewussten Umgang mit Alkohol beizubringen und die Folgen des Missbrauchs zu erklären. In den nächsten Jahren werden vermehrt Peergroups gebildet, bei denen geschulte Gleichaltrige auf Augenhöhe über Probleme und Risiken informieren. Diese Gruppen werden lokal gebildet und können von allen Kindern und Jugendlichen genutzt werden. Bundesweit gibt es mehrere Kampagnen, die sich an unsere Jugendlichen richten. "Alkohol? Kenn dein Limit." ist zum Beispiel eine Variante, die sich an 16- bis 20-Jährige richtet. Auch an Schulen und Kommunen sollen die Angebote weiter ausgebaut werden.

Infoseiten:
www.null-alkohol-voll-power.de (für Jugendliche unter 16)
www.kenn-dein-limit.info (für Jugendliche ab 16)
www.kenn-dein-limit.de (für Eltern)

Tabletten, Crystal, Amphetamine und Legal Highs

Hier schildern Betroffene, dass sie sich nach der Einnahme von Crystal oder Tabletten stark und überlegen fühlen. Die Probleme treten in den Hintergrund, depressive Gedanken verschwinden. Ein toller Zustand. Leider hält er aber auch nur so lange an, wie die Wirkung der Substanzen anhält. Danach kommen die Probleme wieder, man fühlt sich hilflos und unsicher. Es ist schlimmer als vorher und um das zu vermeiden, werden wieder neue Drogen genommen. Am Ende verliert man den Führerschein, die Polizei durchsucht die Wohnung, findet vielleicht Drogen und man kommt in eine Zelle. Das alles wäre ohne Drogen so sicher nicht passiert. Und um das Desaster zu verarbeiten, greifen die Jugendlichen wieder zu Drogen. Aus diesem Kreislauf kommt man an dieser Stelle nicht mehr allein heraus.

Anfänglich ist es keine Sucht. Das kommt erst nach regelmäßigem Konsum. Normalerweise treten im Laufe der Zeit noch weitere Probleme auf, die sogenannte Beschaffungskriminalität. Drogen müssen bezahlt werden und das Geld muss irgendwo her kommen. Das führt zwangsläufig irgendwann zur Bekanntschaft mit der Polizei und im Zweifelsfall zu einem Eintrag in der eigenen Akte. Unabhängig davon kann man zugedröhnt nicht gut lernen und so werden auch die Noten schlechter.

Abhängigkeit ist eine Krankheit. Die Folgen sind für den Körper gravierend. Im Prinzip wird er vergiftet, und das über einen längeren Zeitraum hinweg. Damit können Organe geschädigt werden, aber auch Nervenzellen. Ist man erst einmal in der Sucht, braucht man einen immer größeren Kick, um die ursprüngliche Wirkung zu erzielen. Kann man die Dosis nicht beschaffen, drohen Entzugserscheinungen wie Schüttelfrost, Übelkeit und Krampfanfälle.

Hier können Sie als Eltern nicht mehr ausreichend helfen, es sei denn, Sie sind Experte für Suchtfragen. Wenden Sie sich an Suchtberater, die kennen sich aus und verurteilen nicht. Natürlich ist es sowohl für Ihr Kind als auch für Sie schwer, zugeben zu müssen, ein Problem zu haben. Irgendwie hat man ja das Gefühl, als Elternteil versagt zu haben. Dem ist nicht so! Jedes Kind reagiert anders auf Warnungen und Präventivmaßnahmen, hinzu kommt vielleicht ein ungünstiges soziales Umfeld und am Ende bringt die Summe aller Teile die Sucht zustande. Niemand hat Schuld! Das Problem ist jetzt da und muss mit Hilfe von Experten angegangen werden. Nur so können Sie Ihrem Kind jetzt helfen.

Tabak, Shisha und E-Zigaretten

Ähnlich wie beim Alkohol sind auch beim Rauchen die Zahlen rückläufig. Die Studie aus 2018 zeigt, dass nur 8,7 % der 12-17-Jährigen rauchen. Eine große Mehrheit hat noch nie geraucht (79,5 %). 2001 ergaben die Untersuchungen noch 27,5 % rauchende Jugendliche. Auch bei den Älteren (18-25 Jahre) gibt es mehr Nichtraucher (39 %) als Raucher (32 %).

Ungefähr jeder vierte Jugendliche hat schon einmal Wasserpfeife geraucht (26,4 %) und jeder siebte hat schon einmal eine E-Zigarette probiert (14,5 %). Die E-Shishas sind noch relativ neu und wurden von 16,2 % probiert. Ab dem 18. Lebensjahr steigen die Zahlen an.

Die Tendenz zu den Wasserpfeifen stagniert bei Jugendlichen seit 2011, bei Erwachsenen nahmen die Zahlen 2018 zu. Auch die Nutzung der E-Zigaretten nimmt signifikant zu. Der Konsum von E-Shishas hat sich zwischen 2015 und 2018 nur bei jungen Männern erhöht.

Über die gesundheitlichen Risiken für Raucher werde ich mich jetzt nicht weiter auslassen. Ich denke, davon haben Sie alle selbst eine Vorstellung.

Die Bundeszentrale für gesundheitliche Aufklärung warnt vor den Risiken bei elektrischen Zigaretten. Vor ein paar Jahren gab es solch ein Phänomen mit den Alkopops und jetzt haben wir ein ähnliches Problem mit den E-Zigaretten. Hier gibt es verschiedene Aromen wie Bubble Gum oder Cola, die den Eindruck vermitteln, das Produkt wäre harmlos. Minderjährige dürfen laut Gesetz (§ 10 JuschG) keine E-Zigaretten rauchen und trotzdem zeigen die Studien, dass es Jugendliche zwischen 12 und 17 Jahren schon probiert haben. Die Inhalation ist nicht anders als bei normalen Zigaretten. Der Dampf ist nikotinhaltig und schädigt damit genauso.

Hier gibt es Hilfe: 0800 8 31 31 31 (kostenfreie Beratung zur Rauchentwöhnung, auch für Mobilfunk)

Cannabis

Die Zahlen aus 2018 zeigen, dass jeder 10. Jugendliche (12-17 Jahre) schon einmal mit Cannabis in Verbindung gekommen ist. Ab dem Erwachsenenalter sind es schon 42,5 %. Regelmäßig wird Cannabis allerdings nur von 1,6 % der Teenager konsumiert (häufiger als 10-mal im letzten Jahr). Auffallend ist, dass junge Männer Cannabis mehr und auch intensiver nutzen.

Grundsätzlich steigen die Zahlen des Cannabiskonsums im Vergleich zu 2011. Betrachtet man die Gruppe der jungen Erwachsenen, ist der Konsum so hoch wie noch nie, seit Beginn der Befragungen 1993.

Wie können Eltern helfen?

Um auf das Thema aufmerksam zu machen, habe ich hier natürlich die schlimmsten anzunehmenden Varianten geschildert. Zwischen dem ersten Versuch und einer ausgeprägten Sucht liegen Welten. Wichtig ist, dass Sie mit Ihrem Kind in Kontakt bleiben.

Zu Anfang machen die meisten Teenager eher negative Erfahrungen. Die Zigarette kratzt im Hals, das Bier schmeckt bitter und von zu viel Alkohol wird einem schlecht. Trotzdem faszinieren die Drogen. Das liegt daran, dass vielen Drogen ein chemischer Stoff zugrunde liegt – Dopamin. Dopamin ist für das Glücksgefühl verantwortlich und wer möchte denn nicht glücklich sein? Allein die ersten Berührungen mit Alkohol oder anderen Drogen machen aber nicht süchtig.

Obwohl die aktuellen Statistiken zeigen, dass der Konsum sowohl von Alkohol als auch von Zigaretten rückläufig ist, kann man keine Entwarnung geben. Ihr Kind wird zwangsläufig mit der einen oder anderen Droge in Berührung kommen. Das können Sie gar nicht verhindern. Irgendwann wird Ihr Kind von einer Party nach Hause kommen, es ist betrunken und die Klamotten riechen nach Zigaretten. Verfallen Sie an diesem Punkt bitte nicht in Panik. Einmalige Ausrutscher sind nicht gleichbedeutend mit einer Sucht. Sie haben nicht direkt einen Drogenjunkie oder Alkoholiker im Haus. Ihr Kind probiert sich und andere Dinge aus. In einem intakten Umfeld ist das Risiko, dass Ihr Kind zu harten Drogen wie Kokain oder Heroin greift, sehr gering. Ihr Kind hat einfach nicht so viel Ansporn, sein Leben durch Drogen und Alkohol zu „verbessern". In einem intakten Umfeld gibt es andere Möglichkeiten, mit Problemen umzugehen, und es wurde ihm ja auch nicht vorgelebt.

Hier ist Aufklärung das Mittel der Wahl. Statt mit erhobenem Zeigefinger zu lamentieren, sollten Sie Ihrem Kind mit Tipps zur Seite stehen. Je nach Alter Ihres Kindes erzählen Sie doch einmal von Ihren eigenen Erfahrungen. Damit werden Sie für Ihr Kind menschlich und es versteht viel besser, worüber Sie sprechen. Im besten Fall entsteht ein Dialog auf Augenhöhe. Voraussetzung hierfür ist allerdings, dass Sie auch eine gewisse Kompetenz vorweisen können. Informieren Sie sich zu den aktuellen Trends, holen Sie sich Infomaterial aus Beratungsstellen oder aus dem Internet und erkundigen Sie sich über die Gefahren, die von den einzelnen Drogen ausgehen können. Hat Ihr Kind das Gefühl, zu wissen, worüber, Sie sprechen, kommt es gegebenenfalls auch später noch einmal auf Sie zu. Zumindest hat es Vertrauen, dass es sich jederzeit an Sie wenden kann.

Grenzen und Grenzüberschreitungen

Grenzen setzen Eltern in irgendeiner Weise in jedem Alter. In der Pubertät werden diese Grenzen allerdings lange und immer wieder ausgetestet. Das ist für die Entwicklung eines Kindes sehr wichtig. Sie wollen sich von uns lösen und das geht einfach nicht ohne Auseinandersetzungen. In dieser Zeit wird die komplette Beziehung zwischen Eltern und Kind sozusagen überarbeitet und neu definiert. Es gibt an dieser Stelle kein Patentrezept, weil jedes Kind und jeder Erwachsene anders ist.

Die Privatsphäre wird spätestens mit der Pubertät ein großes Thema. Ihr Kind zieht sich in sein Zimmer zurück, wenn es Ruhe braucht (wobei man Ruhe an dieser Stelle nicht mit Stille verwechseln sollte). Zu Beginn der Pubertät wächst ein Kind erst einmal nur äußerlich und das Innere zieht später nach. Deshalb sind die Kinder in dieser Zeit unheimlich verletzlich.

Manche Eltern sind sehr neugierig und fangen an, wenn das Kind nicht mehr mit ihnen redet, im Kinderzimmer herumzuschnüffeln. Sie schauen ins Handy oder lesen das Tagebuch, das in der heutigen Zeit wahrscheinlich auf dem Laptop zu finden ist. So etwas geht nicht! Natürlich wollen die Eltern ihr Kind vor Schaden bewahren und sie zweifeln, weil ihr Kind nicht mehr offen zu ihnen ist. An dieser Stelle hilft nur die Kommunikation. Wenn ein Kind merkt, dass Eltern ihm hinterherspionieren, dann wird es sich nur noch mehr verschließen. Und damit misstrauen die Eltern ihrem Kind weiter und die Familie landet in einem Teufelskreis. Hier müssen Sie ganz klar Stellung beziehen. Sagen Sie Ihrem Kind, was Ihnen Sorgen macht, und geben Sie ihm auch zu verstehen, dass jeder im Haushalt immer sagen kann, was ihn stört und was geändert werden sollte.

Einige Dinge kann man im Vorfeld regeln. Wenn Sie zum Beispiel gemeinsam einen Computer nutzen, dann richten Sie für jeden ein Benutzerkonto ein. So können Sie für jeden Benutzer auch unterschiedliche Beschränkungen einbauen. Jedes Benutzerkonto muss ein eigenes Passwort haben, das nur der Benutzer kennt. So kann Ihr Kind den Rechner nutzen, ohne Angst zu haben, dass Sie etwas lesen, was nicht für Ihre Augen bestimmt ist. Hat Ihr Kind einen eigenen Rechner, dann können Sie Internetzeiten vereinbaren und evtl. auch Seiten sperren, auf denen z. B. nur mit Bezahlung Filme geschaut werden können.

Aber nicht nur wir Eltern müssen an uns arbeiten. Wenn ein Kind unzuverlässig ist oder lügt, dann muss das angesprochen werden. Manchmal geraten Kinder in diesem Lebensabschnitt auch an falsche Freunde.

Versuchen Sie, die Freunde Ihres Kindes kennenzulernen. Vielleicht laden Sie sie einmal zum gemeinsamen Grillen ein oder Sie machen Raclette. So können Sie Ihre Bedenken vielleicht abschalten und sollten Sie doch merken, dass es die falsche Person ist, dann haben Sie ganz konkrete Verhaltensweisen, die Ihnen aufgefallen sind und anhand derer Sie Ihrem Kind Ihre Sorgen erklären können.

Oft ist die Angst von Eltern unbegründet, aber es gibt auch Ausnahmen. Wenn Sie den Verdacht haben, dass Ihr Kind Drogen nimmt oder gar selbstmordgefährdet ist, dann ist Kontrolle erlaubt. Sobald es in Richtung Gefährdung des Kindes geht, dürfen Eltern in die Privatsphäre eingreifen – aber nur dann!

Zum Schluss

Ich kann mir gut vorstellen, dass Sie nach diesem Ratgeber jetzt einmal alles sortieren müssen. Es sind ja nicht nur sehr viele Informationen, sondern auch eigene Empfindungen und Gedanken, die auf einen einstürmen.

Im Prinzip ist es aber relativ einfach. Überlegen Sie sich, welche Werte Sie Ihrem Kind vermitteln wollen. Es sind die Werte, die Ihnen selbst auch wichtig sind. Sie selbst haben sie verinnerlicht und können sie vorleben und auch erklären, warum sie so wichtig sind. Und auch wenn das nicht sehr wissenschaftlich ist, vertrauen Sie Ihrem Bauchgefühl. Niemand ist perfekt, weder Sie noch Ihr Kind. Ich weiß, dass Sie immer das Beste für Ihr Kind wollen. Eine weitere Möglichkeit ist, wenn Sie sich überlegen, wie Sie sich in einer bestimmten Situation gefühlt haben oder fühlen würden. Wie würden Sie gerne behandelt werden? Versetzen Sie sich in Ihr Kind.

Seien Sie immer für Ihr Kind da, zeigen Sie ihm Ihre Liebe, egal in welchem Alter. Halten Sie die Kommunikation am Laufen. Lernt Ihr Kind von klein auf, dass es immer und egal mit welchem Problem zu Ihnen kommen kann, dann wird es das auch noch tun, wenn es älter wird. Es vertraut Ihnen und nimmt Sie als Ansprechpartner wahr.

Bestimmen Sie nicht über den Kopf Ihres Kindes hinweg, sondern mit ihm zusammen. Jedes Kind ist ein eigenständiges Wesen. Auch kleine Kinder können schon kleine Aufgaben im Haushalt übernehmen, auch wenn sie einmal keine Lust haben. Wenn Sie ihm sagen, dass es eine große Hilfe für Sie wäre, dann wird es gerne helfen. Das Mitspracherecht wächst dann sozusagen mit Ihrem Kind mit. Je größer es wird, umso mehr darf es mitentscheiden.

In der Erziehung der heutigen Zeit geht es nicht mehr darum, recht zu haben, sondern darum, eine Lösung bzw. einen Kompromiss zu finden, mit dem alle leben können.

Quellenverzeichnis:

https://www.psychologie-studieren.de/studiengaenge/entwicklungspsychologie/

https://arbeitsblaetter.stangl-taller.at/WISSENSCHAFTPSYCHOLOGIE/PsychologieZeittafel.shtml (2019-11-14).

https://www.europa-lehrmittel.de/downloads-leseproben/68132-1/595.pdf

Gerrig/Zimbardo, 2008, S. 16 und Hasselhorn/Mähler, 2012, S. 316

https://userpages.uni-koblenz.de/~proedler/autsem/piaget.pdf

https://www.youtube.com/watch?v=Lw852QB3zGE

https://arbeitsblaetter.stangl-taller.at/WISSENSCHAFTPSYCHOLOGIE/PSYCHOLOGEN/PIAGET/ (2019-11-18).

Oerter & Montada, 1998, S. 521

Mönks & Knoers, 1996, S. 157

Mietzel, 1998 a, S. 87

https://www.wikiwand.com/de/Erik_H._Erikson

http://www.social-psychology.de/do/PT_erikson.pdf

https://gedankenwelt.de/das-stufenmodell-der-psychosozialen-entwicklung-nach-erikson/

https://www.bkk-mobil-oil.de/kinderwelt/kinder-in-bewegung/motorikentwicklung.html

https://www.dbl-ev.de/logopaedie/normale-entwicklung/allgemeine-kindliche-entwicklung/

http://www.psy.lmu.de/epp/studium_lehre/lehrmaterialien/lehrmaterial_ss10/wintersemester1011/krimmel_vuori/seminar2/sitzung83.pdf

https://www.kindergesundheit-info.de/themen/entwicklung/

http://www.kurt-lewin.de/beruflicher-werdegang.shtml

https://www.kindererziehung.com/Paedagogik/Erziehungsstile/Erziehungsstil.php

https://www.familie-und-tipps.de/Kinder/Erziehung/

https://www.elternkompass.de/category/familie-erziehung/erziehungstipps/
https://www.familie.de/kleinkind/erziehungstipps/
https://www.vaterfreuden.de/vaterschaft/erziehungsfragen/zuneigung-und-geborgenheit-%E2%80%93-so-sp%C3%BCrt-ihr-kind-ihre-liebe
https://www.planet-wissen.de/gesellschaft/psychologie/pubertaet_das_leben_ist_eine_baustelle/pwieerziehungstipps100.html
https://www.kinderaerzte-im-netz.de/altersgruppen/jugendliche/info-sucht/gruende-fuer-den-drogenkonsum
https://www.bzga.de/forschung/studien-untersuchungen/studien/suchtpraevention/

Wir danken Ihnen für Ihr Interesse und Ihr Vertrauen. Als Dankeschön dafür, haben wir eine besondere Überraschung. Wir haben ein **exklusives Workbook für mehr emotionale Intelligenz-Inklusive 30-Tage-Challenge**, nur für Sie. Und dieses erhalten Sie vollkommen kostenlos. Das klingt wunderbar? Dann warten Sie nicht lange und holen Sie sich Ihr Gratis-Geschenk.

Hier geht es zu Ihrem Gratis-Geschenk:

https://forms.gle/bZtXSkufbCGyDxox7

1. **Öffnen Sie die Kamera-App auf Ihrem Smartphone und richten Sie die Kamera auf den QR-Code.**
2. **Klicken Sie auf den Link, der Ihnen angezeigt wird und schon werden Sie zur Website weitergeleitet.**

Impressum

Herausgeber: Pegoa Global Media GmbH / Am Sandtorkai 27 / 20457 Hamburg
Kontakt: kontakt@pegoamedia.de
Coverbild: Shutterstock

Haftungsausschluss:
Die Nutzung dieses Buches und die Umsetzung der enthaltenen Informationen, Anleitungen und Strategien erfolgt auf eigenes Risiko. Der Autor kann für etwaige Schäden jeglicher Art aus keinem Rechtsgrund eine Haftung übernehmen. Haftungsansprüche gegen den Autor für Schäden materieller oder ideeller Art, die durch die Nutzung oder Nichtnutzung der Informationen bzw. durch die Nutzung fehlerhafter und/oder unvollständiger Informationen verursacht wurden, sind grundsätzlich ausgeschlossen. Rechts- und Schadenersatzansprüche sind daher ausgeschlossen. Dieses Werk wurde sorgfältig erarbeitet und niedergeschrieben. Der Autor übernimmt jedoch keinerlei Gewähr für die Aktualität, Vollständigkeit und Qualität der Informationen. Druckfehler und Falschinformationen können nicht vollständig ausgeschlossen werden. Es kann keine juristische Verantwortung sowie Haftung in irgendeiner Form für fehlerhafte Angaben vom Autor übernommen werden. Die bereitgestellten Analysen, Vorschläge, Ideen, Meinungen, Kommentare und Texte sind ausschließlich zur Information bestimmt und können ein individuelles Beratungsgespräch nicht ersetzen. Alle Informationen dieses Buches entsprechen dem Kenntnisstand zum Zeitpunkt des Verfassens dieses Buches. Eine Haftung für mittelbare und unmittelbare Folgen aus den Informationen dieses Buches ist somit ausgeschlossen.
Informieren Sie sich weitläufig aus unterschiedlichen Quellen und bedenken Sie, dass am Ende nur Sie für die Entscheidungen verantwortlich sind.

Haftung für externe Links:
Unser Angebot enthält Links zu externen Websites Dritter, auf deren Inhalte wir keinen Einfluss haben. Deshalb können wir für diese fremden Inhalte auch keine Gewähr übernehmen. Für die Inhalte der verlinkten Seiten ist stets der jeweilige Anbieter oder Betreiber der Seiten verantwortlich. Die verlinkten Seiten wurden zum Zeitpunkt der Verlinkung auf mögliche Rechtsverstöße überprüft. Rechtswidrige Inhalte waren zum Zeit-punkt der Verlinkung nicht erkennbar.